La fabrique à Kifs

ISABELLE PAILLEAU
AUDREY AKOUN
FLORENCE SERVAN-SCHREIBER

La fabrique à Kifs

MARABOUT

sommaire

La naissance de La fabrique à Kifs

Dans la journée, les métiers d'Audrey Akoun, Isabelle Pailleau et Florence Servan-Schreiber consistent à se tourner vers les autres pour les informer, les guider, les soigner et les inspirer. Elles sont, chacune à leur façon, passeuses d'informations sur le bonheur, ses ressorts, ses difficultés. Et comme nous, Audrey, Isabelle et Florence font du mieux qu'elles peuvent pour faire face à leurs propres enjeux : leurs familles, leurs relations amoureuses, leurs rêves, leurs ambitions, leurs projets professionnels, leurs doutes, leurs revers à

surmonter, leurs corps à apprivoiser, leur métier de parents, leurs désirs à se connaître et s'exprimer, et leur vraie nature à respecter.
Elles savent que le bonheur n'est pas toujours là où on le pense. Et on se trompe parfois en cherchant à le débusquer. Car enrichir sa vie n'est pas être plus riche. C'est introduire plus de joie et de légèreté dans notre quotidien, mais aussi plus d'engagement, de connexion avec notre entourage, et donner plus de sens à notre existence. Plus de bonheur ne signifie pas que tout va bien tout le temps. Au contraire. Il provoque l'agilité que nous demande l'adaptation permanente aux difficultés et aux merveilles qui se présentent sur notre route.

C'est parce qu'elles avaient envie de se dépasser et d'essayer ce que recommandent les chercheurs qui nous proposent une vie plus vibrante que Audrey, Isabelle et Florence ont choisi de faire quelque chose d'inhabituel pour elles. Transposer en spectacle ce qu'elles savent et pratiquent dans ce domaine. Créer un moment de divertissement et d'apprentissage pour partager avec le plus grand nombre des enseignements qui les ont, jusque-là, bien aidées à affronter leurs réalités.

Mais avoir l'idée d'un spectacle n'était pas tout. Il leur a fallu deux ans de travail, quand même ! Un tel projet ne se monte pas qu'avec des pensées magiques. Même si on est spécialisé dans le bonheur.
La Fabrique à kifs est le fruit de cet effort. Ces trois drôles de dames ont réuni leurs connaissances et expériences pour répondre – sur scène – de façon joyeuse et divertissante aux questions suivantes.

- ☆ Comment fabriquer les conditions et interprétations indispensables à son propre bonheur pour pouvoir le cultiver ?
- ☆ Quels sont les outils qui nous arment pour faire face au stress, aux malentendus et aux épreuves ?
- ☆ Et quels sont ceux qui nous font grandir, nous exprimer et nous épanouir ?
- ☆ Où puise-t-on le courage d'être soi ?
- ☆ Comment savoir de quel bois on est fait et comment l'exprimer ?
- ☆ Quel est le poids des autres dans les freins que nous nous imposons ?
- ☆ Doit-on être parfait pour être aimé ?
- ☆ Et d'ailleurs, savons-nous vraiment comment prendre soin de notre cœur, de nos corps et de nos amours ?
- ☆ Peut-on/doit-on apprivoiser ses émotions pour naviguer en société ?
- ☆ Et si, au final, ce qui comptait le plus n'était pas de penser à dire merci ?

Elles sont parties dans l'aventure sans boussole, armées de leur seule naïveté et d'une énergie d'ex-petites filles qui voulaient s'exprimer sur scène. En reconnaissant, chacune, qu'elles voulaient créer un spectacle, elles se sont engagées sur un chemin qu'elles ne pouvaient plus rebrousser. Ce genre de truc, quand c'est dit, c'est dit !

Le début

Audrey Akoun et Isabelle Pailleau formaient déjà une galaxie. Co-fondatrices de la « Fabrique à bonheurs », elles se connaissent sur le bout des doigts. Voisines, complices, co-entepreneuses, amies et miroir positif l'une de l'autre, elles ont déjà écrit à quatre mains plusieurs ouvrages et on les retrouve souvent côte à côte dans les studios de radio ou de télé. Florence Servan-Schreiber, Audrey et Isabelle, se sont rencontrées le jour où Florence, auteure à succès de *3 Kifs par jour* et professeure médiatisée de bonheur, a accepté d'écrire la préface d'un de leurs livres, *La Pédagogie positive*, en échange d'un cours de techniques de pédagogie positive, justement, pour ses enfants et pour elle-même. Tout s'est déroulé dans le salon de Florence, qui allait devenir leur quartier général pour une nouvelle fabrique. Mais pas encore toute de suite.

Le jour où l'idée d'un spectacle s'est clarifiée, elles se sont recroisées dans une pièce qui réunissait des spécialistes divers en psychologie et en développement personnel, tentés par une aventure théâtrale. Au cœur de cette réunion, un metteur en scène potentiel a fait valoir que mettre quatorze personnes sur scène relevait de l'exploit pour n'importe quel spectacle et qu'il allait falloir s'y prendre autrement. C'est comme cela que le trio s'est formé, à coup de défections, de sélections et d'affinités. Les trois ladies se sont naturellement rapprochées et se sont mises au travail sur leur propre projet. Seulement voilà, si écrire des conférences et des livres, concevoir des formations ou des ateliers est leur spécialité, créer une pièce divertissante est une tout autre histoire. Des débuts hésitants, lents et frustrants les ont poussées à inviter Béatrice de la Boulaye à leurs réunions de travail. La pièce manquante venait d'être livrée. Peut-être que l'élément le plus fort de cette amitié qui s'est solidifiée a été la fluidité et la complémentarité avec laquelle elles ont travaillé ensemble, entre rires, fous rires et difficultés.

La réalité

Pour vous donner une vision accélérée de ce qui a suivi, il a fallu changer trois fois d'axe d'écriture, trop compliqué, trop cher, trop difficile à jouer, puis le producteur est parti, suivi du metteur en scène dont elles se sont éloignées, et enfin Béatrice qui leur annonçait qu'elle n'avait plus le temps à consacrer à l'aventure. Toute cette débâcle étalée sur les six derniers mois avant la première représentation, le résultat n'était pas encourageant.

Et puis est arrivé un mail. C'était le 11 février. Envoyé par l'ex-metteur en scène qui avait réservé, deux ans plus tôt, deux dates dans un théâtre parisien pour jouer ce potentiel spectacle. Le mail disait : « J'ai un gros souci. » En effet, la salle les attendait, contrat signé, indemnités à verser au cas où, et tout et tout. Branle-bas de combat, réunion de crise, « Moussaillons, hissez les voiles ! », impossible de reculer. Après avoir exploré toutes les hypothèses, de l'abandon à la substitution, Béatrice, chevaleresque, est accourue, s'est levée et a dit avec une solennité que personne ne lui soupçonnait : « Les 5 et 6 avril prochains, mesdames, vous serez sur les planches et je vous aurai mises en scène. » Eh oui, car c'est son métier et son talent mais elle n'en avait juste pas eu le temps.

Pour imaginer le niveau de panique du trio, équivalent à celui de leur excitation, visualisez une centrifugeuse dans laquelle vous jetez des tomates, des glaçons, des alcools très forts, des meubles ou des voitures, énormément de citron et beaucoup de poivre. Ça piquait de partout. Mais quand on tient autant les unes aux autres, qu'on aime l'impossible et qu'on est débutantes, on ne trouve aucune bonne raison de ne pas y aller.

Il leur restait six semaines pour finir d'écrire et de monter un spectacle. Elles ont donc commencé par le commencement : le choix des chaussures. Tout s'est ensuite passé très vite, avec très peu de temps à y consacrer, leurs vies étant déjà pleines comme des œufs. Isabelle était frappée d'amnésies intermittentes, Audrey a développé une hernie cervicale, très dangereuse et douloureuse et Florence a pleuré pendant presque une semaine, fatiguée et désorientée. Bref, tout roulait. Seule Béatrice assurait qu'elle savait où elle allait. Et tout le monde la croyait.

L'accueil

Le 5 avril, elles étaient préparées. Notez que l'histoire ne dit pas qu'elles étaient prêtes ! Mais le maximum de leur possible avait été fait en prévision du grand soir. Audrey avait hâte de danser, Florence, terrifiée par les trous de mémoire, marmonnait les bribes de texte dont elle se souvenait, et Isabelle ne voulait pas porter de barrette. Mais Béatrice insistait pour qu'on voie son visage caché sous sa mèche.

La pression était immense. Elles avaient posté les deux représentations sur leurs pages Facebook, « 3 kifs par jour » et « La Fabrique à bonheurs ». En deux semaines à peine, les cinq cents places à vendre s'étaient envolées. Même plus un siège pour les vieilles tantes et cousins retardataires. Tous les amis, clients, collègues, enfants, maris, parents et même certains de leurs patients détenaient leurs billets. Une sœur venue de New York, un frère de Perpignan et des lectrices arrivées de partout en France. En gros, si c'était bien, tout le monde en profiterait, et si c'était nul, tout ce joyeu petit monde vivrait la débâcle en direct.

Une lumière clignote dans les coulisses pour indiquer le moment d'entrer en scène. C'est là que leurs estomacs sont tombés d'un seul bloc. Heureusement, personne n'a rien vu. De toutes les façons, il était trop tard pour changer d'avis.

À combien de personnes qui leur font confiance avaient-elles, dans leurs pratiques, préconisé de sortir de leur zone de confort ? De se dilater, de changer leurs habitudes, de lancer leur sac par-dessus le mur pour ne plus pouvoir reculer, etc. ? Eh bien, elles y étaient à leur tour. La bouche sèche et la cervelle chamboulées.

Elles ont été les premières surprises par l'ampleur de l'accueil du public. Avant même leur arrivée sur scène, il criait de joie. Lorsqu'elles y sont entrées toutes les trois, la soirée était lancée.

Elles n'ont presque rien oublié, ont joué, virevolté, chanté et monstrueusement kiffé. Tout est passé à la vitesse de l'éclair. Un claquement de doigts plus tard, c'était déjà terminé. La salle, debout, dansait avec elles au son de *I'm So Excited* des Pointer Sisters. Ce soir-là, elles ont très peu dormi. Trop *excited* et paniquées de recommencer le lendemain. La confiance un peu prise, quand même.

Tout au long du périple accéléré qui les a menées à ces deux premières représentations, elles confirment avoir réalisé à quel point le fait de se lancer sur des chemins différents était la meilleure façon de se découvrir. De discuter avec sa peur, de compter sur les autres, de se tenir chaud, de se soutenir et s'enrichir sans cesse.

La suite

Mais nos ladies avaient tellement travaillé avant de tout résumer en une heure et vingt minutes qu'elles avaient encore beaucoup de choses à partager avec nous.

C'est pourquoi elles ont écrit ce livre. Pour nous proposer un voyage, pour apprendre et expérimenter, à la maison, ce que la science nous apprend sur l'épanouissement.

Si vous avez pu les voir jouer au théâtre, ce livre vous permet d'aller plus loin. Et si vous n'avez jamais entendu parler de la pièce, eh bien, votre parcours commence ici. Il y aura juste des spectateurs et des applaudissements en moins, mais la découverte sera aussi riche.

C'est un livre qui se lit dans l'ordre que vous choisirez. Il n'y a pas de désordre possible, puisque vous êtes le pilote de ce que vous allez fabriquer pour vous-même. À chaque leçon ses exercices, car ce que ces pages vous racontent comptera toujours moins que votre expérience de la vie réelle.

En somme, *La Fabrique à kifs* est une « master classe » de bonheur. Master classe, ça fait plus riche que « cours », non ? Avec un petit côté Jedi en prime. Mais ce qu'il faut comprendre quand même, c'est qu'en parcourant ces pages vous ne vous engagez pas dans une épopée passive. L'idée, c'est de se faire du bien en apprenant et en grandissant. Vous allez vous-même pouvoir créer les conditions et les sensations d'une vie plus riche en suivant quelques instructions. Les changements réels viendront de vos actions. Des ressources pour aller plus loin vous seront proposées dans chaque chapitre.

alors, au boulot !

au menu de La fabrique à Kifs

En lisant ces pages, concentrez-vous sur vous-même et ceux qui vous entourent, car rien ne vaut de reconnaître sa réalité pour mieux l'aimer. Prenez le temps d'expérimenter, de vous poser quelques questions et de jouer avec ce qui vous est proposé pour :

- ◊ identifier votre potentiel et le déployer ;
- ◊ vous préférer tel que vous êtes ;
- ◊ accepter la puissance que vous détenez ;
- ◊ gagner en agilité ;
- ◊ reprendre votre souffle ;
- ◊ prendre soin de vous-même comme d'un ami ;
- ◊ vous lancer des défis ;
- ◊ les réussir ;
- ◊ comprendre les nœuds qui ont pu vous décourager ;
- ◊ vous exprimer et être entendu ;
- ◊ et aimer vous sentir grandir.

QUI SONT LES DRÔLES DE DAMES ?

Isabelle Pailleau

J'ai eu plusieurs métiers avant de devenir psychologue. Un premier poste de directrice en accueil périscolaire, puis retour par la case université et le bonheur d'apprendre. J'ai découvert plus tard que l'amour de l'étude et de l'apprentissage était un de mes super-pouvoirs. Un BTS d'assistante de direction en poche, puis une maîtrise d'anglais et d'économie, et même un futur mari rencontré sur les bancs de la fac, me voici donc partie pour une nouvelle carrière, dans une entreprise franco-anglaise. Un jour, je tombe sur une pile de CV avec photo, écartés d'office. Je note alors que tous ces postulants sont noirs. J'en fais la remarque au directeur et m'entends répondre : « Eh oui, il ne faut pas trop de Noirs en boutique ! Et ce n'est pas moi, c'est le PDG qui ne veut pas trop de Noirs. » Je suis allée vomir un bon coup et j'ai aussitôt cherché un autre travail. Cette fois, dans un organisme de formation pour adultes. Je découvre un nouveau métier et ma soif d'apprendre me reprend, titillée par une question récurrente : pourquoi certains stagiaires, pourtant aussi bien

formés que les autres, ne trouvent pas de travail à la fin de leur formation ? C'est alors que j'ai réalisé l'importance de notre histoire personnelle, avec toutes nos difficultés non résolues. Un vieux rêve refait surface et je décide de devenir psychologue. Mais je suis désormais maman de trois tout-petits et le retour à la fac n'est plus possible. Je choisis le parcours du CNAM en psychologie du travail. Lorsque je mets le pied au premier cours de psychologie, je fais l'expérience de ce que Ken Robinson appelle l'« épiphanie » : je sens dans chaque cellule de mon corps que j'ai trouvé mon élément. Mon diplôme en poche, je choisis de faire le « grand saut » dans le monde des indépendants, puis le « hasard » me fait croiser la route d'Audrey et nous décidons d'ouvrir un cabinet ensemble.

C'est ainsi qu'est née la Fabrique à Bonheurs. L'alignement de nos valeurs, de notre mission et de nos forces de caractère nous a aidées à écrire notre premier livre, créer une page Facebook qui réunit une communauté de « fabricants de bonheurs » et construire des formations. Tout n'a pas été aussi simple dans les détails, mais tous nos efforts portent leurs fruits et nous font grandir. Quelques livres plus tard, nous avons créé un certificat de praticien en psychopédagogie positive. Nous faisons aussi d'autres choses peu conventionnelles pour des psys : chanson et clip vidéo pour la promotion de notre livre *Stop à la pression*, conseils aux parents en vidéos courtes et drôles sur le site d'un grand quotidien. Nous nous amusons énormément. *La Fabrique à kifs*, dans sa version spectacle comme dans ce livre, compte parmi tous ces petits bonheurs que nous aimons fabriquer pour tous et pour chacun. Régulièrement, on me demande comment je fais pour faire TOUT ça. Je réponds qu'il ne s'agit que de faire une chose à la fois. Cela demande juste un bon agenda et un peu d'organisation. Mais le bonheur que nous tirons de notre activité est une joie de tous les jours.

QUI SONT LES DRÔLES DE DAMES ?

Audrey Akoun

La majorité des amis de mes parents travaillait dans l'immobilier et me disaient tous : « Fais du droit, ça mène à tout. » Je suis donc allée en fac de droit, puis je me suis trouvée enceinte. J'ai arrêté mes études, contrainte par un mari possessif et violent. Je n'avais pas vingt ans quand mon premier fils est né. Dans la semaine qui a suivi, après une énième violence, j'ai réussi à fuir avec mon bébé. Retour chez mes parents. Et reprise des études de droit. Je voulais avoir un métier et défendre toutes les victimes de violence familiales, femmes et enfants. Puis j'ai rencontré un nouveau mari et agrandi la famille d'un autre garçon. J'envisageais de passer le concours de commissaire de police ou d'avocat pénaliste. Je n'avais pas lâché mon projet de lutter contre les violences conjugales, pour l'abandonner finalement à la naissance de ma fille. La mère de famille nombreuse que j'étais culpabilisait à l'idée d'être souvent absente. J'optais donc pour la sagesse : notaire. Un notaire s'occupe des successions, des mariages et des divorces. Et travaille aux mêmes horaires que

le guichet de la poste. Mais il s'occupe aussi des transactions immobilières, ce qui m'amusait beaucoup moins. Mon instinct de survie m'a poussée à quitter le notariat pour reprendre des études de psychologie.

Vous vous demandez quel est le point commun entre une ex-femme battue, une commissaire de police, une avocate pénaliste et une notaire spécialisée dans le droit de la famille ? La souffrance. Je ne supporte pas que des gens soient maltraités et subissent des injustices. Je suis malade quand je vois que les personnes qui sont censées nous aimer le plus, sont souvent celles qui peuvent nous blesser le plus. Et je ne comprends pas que l'école et l'entreprise puissent générer autant de mal-être. Surtout, je sais que nous avons tous la capacité de nous libérer de toutes ces chaînes qui nous empêchent de vivre heureux, en paix et en harmonie.

Depuis douze ans, je suis « psychothérapeute positive », c'est-à-dire que j'accompagne des patients en thérapie en utilisant les apports de la psychologie positive. Dans ma boîte à outils, j'ai plein de techniques qui me permettent de m'adapter à chacun : sophrologie, relaxation, méthode Vittoz, hypnose, thérapie familiale et conjugale, visualisation, thérapie comportementale et cognitive. Sans oublier l'humour, un outil thérapeutique hyperpuissant !

J'ai la joie de partager ma vie professionnelle avec des gens que j'apprécie et que j'admire. Isabelle a raconté notre histoire commune : notre cabinet, la Fabrique à Bonheurs, les livres, les clips, les formations et le théâtre.

J'en apprends tous les jours un peu plus sur le bonheur et les différentes façons de s'épanouir. Et c'est ce que j'ai envie de partager avec les autres. Je me lève tous les matins en mesurant la chance que j'ai d'exercer un métier qui me passionne et qui me donne le sentiment d'être utile. Les amis de mes parents avaient raison : le droit, ça mène à tout, même au bonheur.

QUI SONT LES DRÔLES DE DAMES ?

Florence Servan-Schreiber

Je suis aujourd'hui professeure de bonheur. Formée à la psychologie dans des universités américaines, je suis tombée dans la marmite de la connaissance de soi en allant marcher sur le feu à dix-neuf ans, en Californie. D'une nature inquiète, j'ai appris à travailler sur moi-même pour me sentir plus vivante et j'ai appris à me rassurer lorsque la vie se complique. Souvent, ça marche. À trente ans, maman de trois enfants et formatrice, j'ai, une première fois, complètement changé de métier pour la ridologie[1]. Je confectionnais des décors pour des particuliers et des magazines, et je donnais des cours de couture à la maison. Au bout de six ans, je suis ressortie de chez moi pour devenir chroniqueuse sur France 5. J'y racontais mes expérimentations : méditation, retraites ou thérapies. Sur Internet, je développais les sites du magazine *Psychologies* pour permettre aux lecteurs de mieux se connaître. Lorsque le magazine a été vendu, 80 % de mon équipe ont été remerciés. Neuf mois plus tard, on m'indiquait à mon tour la sortie. Mon emploi me quittait.

C'est là que la psychologie positive a fait son entrée. Mon bilan de compétences confirmait que j'avais des difficultés à entrer dans des cases préétablies. J'ai donc profité de cette période de chômage pour m'y former, auprès de Tal Ben-Shahar[2]. La facilité avec laquelle je retenais des informations aussi précieuses m'a totalement séduite. À la fin du cursus, j'ai continué à tout essayer en suivant les instructions de mes profs à la lettre, mais dans la vie réelle. Puis, pour être certaine de ne rien oublier, j'ai décidé de raconter cette aventure dans un livre : *3 Kifs par jour et autres rituels recommandés par la science pour cultiver le bonheur.* J'ai beaucoup douté, transpiré, re-douté, puis je l'ai terminé. Il a été publié. Et là, surprise formidable, le livre a très bien marché.

C'est comme ça que j'ai compris que partager des informations aussi utiles deviendrait mon prochain projet. Cinq ans ont passé et je me pince parfois pour m'assurer que c'est bien devenu mon métier. Désormais, j'écris, je forme, je conférence, je conseille, j'ai créé une académie de psychologie positive en ligne, « La 3 kifs Académie », où on peut apprendre des choses fantastiques sur soi-même, j'interviewe les grands chercheurs de ce monde dans ce domaine, j'anime des Ateliers d'inspiration au bonheur pour des particuliers qui veulent une vie plus ardente, j'inspire les entreprises et je suis même devenue moi-même chef de la mienne. J'ai aussi écrit *Power Patate, vous avez des super-pouvoirs*, animé une émission de télévision, « Mes recettes qui font du bien », et publié le livre de ma cuisine, *Dîner de Kifs*. Et voilà que je joue le soir au théâtre avec mes copines et que nous sillonnons la France pour partager notre expérience. Chaque miette de cette aventure constitue mon expérience de vie. Ce que j'ai compris de plus important est que tout compte, le pire, comme le meilleur, et qu'une fin est toujours le début d'autre chose.

1. Spécialiste des rideaux, pas des rides ;-)
2. Alors professeur à l'université de Harvard.

bonheur?

LE BONHEUR

Le bonheur, est-ce que ça s'apprend ?

Commençons par le commencement : cette question est trop philosophique pour y répondre par oui ou par non. Cela supposerait de définir en quelques raccourcis ce que signifie être heureux. Or le bonheur est une histoire extrêmement personnelle. Donc, disons-le autrement : plutôt que s'apprendre, notre capacité à « être heureux » se travaille. Tout comme celle de devenir des détecteurs de bénéfices et de perfectionner nos mécanismes pour nous remettre des coups durs. Richard Davidson, de l'université du Wisconsin, parle de notre capacité à être heureux comme d'une compétence qui se développe. Car la plasticité des neurones du cerveau, dont ceux qui contribuent à notre bien-être, peut leur permettre d'évoluer. Comme lorsque nous apprenons une seconde langue. La particularité de la psychologie positive est de mesurer les bénéfices d'une action sur la façon dont nous nous sentons. Sur le moment, bien sûr, mais aussi sur le moyen et le long terme. Pouvoir compter sur les bénéfices d'une action volontaire est une petite révolution, car il a été démontré que son effet était durable. Nous pouvons donc envisager notre capacité à être plus heureux comme de l'exercice physique.

Une nouvelle science est née, la science du bonheur, et nous pouvons, par les biais qui nous conviennent, travailler notre sensibilité.

La psychologie positive, qu'est-ce que c'est ?

Voici ce que ça n'est pas : la pensée positive. Attention, penser positivement ne fait aucun mal, mais cela ne suffit pas pour faire face aux intempéries de la vie. Or ce qui nous intéresse ici, c'est de comprendre comment s'aider le mieux possible pour avancer vers de grands bonheurs et résister à de plus ou moins grands malheurs.

La psychologie positive est issue de la recherche scientifique. Elle provient d'un travail méticuleux dans des laboratoires de psychologie d'universités aux États-Unis et, depuis peu, en Europe. C'est Martin Seligman, un chercheur, qui en a eu l'idée. Il a constaté que la psychologie n'étudiait que la dépression et les maladies psychiques. Et s'est demandé pourquoi elle ne se focalisait pas plus sur l'épanouissement, l'amour qui dure longtemps, la créativité, l'éducation, les projets réussis, etc. En résumé, sur ce qui se passe bien dans nos vies, pour que l'on puisse s'en inspirer afin de recommencer et se sentir mieux encore.
La psychologie positive est donc une jeune cousine de la psychologie classique. Elle ne vient, en aucun cas, la remplacer. Juste la compléter en élargissant son champ. Et les deux s'entendent très bien. L'histoire

dit que la conversation qui a marqué la naissance de la plus jeune a eu lieu au Mexique, en 1998. Un an plus tard se tenait le premier congrès de psychologie positive. C'était parti.
La psychologie positive se concentre donc sur trois aspects : les personnalités, les comportements et les organisations qui marchent. Et cette science, à la portée de tous, s'adresse au grand public. Comme il ne s'agit pas d'une thérapie, ses ressorts sont accessibles à tous, sans l'intervention d'un spécialiste. Tal Ben-Shahar, l'un de ses illustres enseignants, aime dire que la psychologie positive est un trait d'union entre la tour d'ivoire de l'université et le commun des mortels. Plus besoin de formations qui durent des années pour pouvoir l'appliquer. C'est une connaissance prête à l'emploi. Reste à s'exercer, pour bénéficier de ses enseignements.

Peut-on être contre ?

Comme pour tout ce qui est nouveau ou facile à partager, les puristes sont précautionneux. Des thérapeutes classiques considèrent que nous ne pouvons pas progresser sans tenir compte de l'inconscient, de questions philosophiques, d'expériences familiales passées ou d'héritages divers. Soyez rassuré, toute notre histoire et nos causes de tourments restent en bonne place dans nos fonctionnements et nous leur devons beaucoup de nos progrès. Mais en psychologie positive, l'objectif est différent : s'épanouir. Non pas pour nier la difficulté du monde mais, au contraire, pour y faire face.

Sa mission est de nous dilater, de nous développer, de solliciter des zones peu exploitées de notre cerveau pour les rendre plus agiles à capter et à développer le meilleur de nos vies. Les études continuent de pleuvoir plus de quinze ans après son apparition, les universités sont de plus en plus nombreuses à l'enseigner et celles de Metz et de Grenoble proposent même un diplôme[1] pour s'y former.

Aujourd'hui, les outils de la psychologie positive s'intègrent aux thérapies cognitives et comportementales, au coaching, à la pédagogie, à l'enseignement et même, pour la première fois au monde (les chercheurs américains nous l'ont confirmé), à une pièce de théâtre : *notre Fabrique à kifs*.

Le bonheur, qu'est-ce que c'est ?

Commençons là aussi par ce que ce n'est pas : une promenade joyeuse et insouciante dans un champ fleuri. Car le malheur et les difficultés font partie intégrante de l'équilibre de nos existences. Une vie sans heurts n'aurait aucun relief et nous en perdrions la saveur. Comme lorsqu'il fait beau tout le temps, on finit par ne plus y prêter attention. Le bonheur et le malheur sont complémentaires et indissociables. Nous avons tous fait l'expérience d'une journée bien commencée mais perturbée par une conversation déplaisante ou l'arrivée d'une mauvaise nouvelle. Ou, à l'inverse, d'un coup de fil chaleureux qui se présente alors que l'on se trouve en pleine tourmente.

1. HTTP://CENTREPIERREJANET.UNIV-LORRAINE.FR

Les situations, bonnes ou mauvaises, se succèdent et passent. Nous nous relevons et nous retomberons. Comprendre et accepter ces variations est le premier échauffement pour s'épanouir. Les lignes droites n'existent pas, et il est très difficile de changer le monde et les gens autour de soi. Il convient donc de se pencher sur ce que nous pouvons piloter avec nos propres moyens, si nous souhaitons avancer autrement.

Les jumeaux

Mais alors, puisque tout passe, notre personnalité a-t-elle une influence sur notre capacité à être heureux ? Pour en avoir le cœur net, l'équipe du Minnesota Twin Family Study a étudié des jumeaux monozygotes (identiques) qui avaient été séparés à la naissance. Commencée en 1979, l'étude a, au cours des vingt années suivantes, rencontré plus de 180 paires de jumeaux pour évaluer, entre autres, leur niveau de bonheur. Parmi eux, des jumelles âgées de 78 ans qui avaient été séparées à l'âge de 5 mois.

Les conclusions de cette étude ont révélé que, malgré des conditions de vie différentes, dans 90 % des cas, les frères et sœurs déclaraient les mêmes niveaux de bonheur. (Le bonheur se mesure en posant des questions personnelles sur divers niveaux de satisfaction : projets, pairs, relations, émotions, etc.) La découverte semblait sans appel. Le bonheur serait génétique.

Mais c'était sans compter sur la psychologie positive, dont les spécialistes ont lu les résultats de cette étude autrement. Ils se sont concentrés sur les frères et sœurs qui n'étaient pas aussi heureux l'un que l'autre. Comment expliquer ces différences si les gènes sont si dominants dans le bonheur ?

Sonja Lyubomirksy, de l'université de UC Davis, consacre depuis ses recherches à cette question : qu'est-ce qui reste en notre pouvoir pour modifier notre niveau de bonheur ? Son laboratoire analyse nos modes de vie, nos facteurs génétiques et nos tempéraments pour mieux comprendre l'interaction entre les trois. Après avoir exploré des milliers de cas individuels, elle a publié ses conclusions.

Et en effet notre capacité à être heureux est prédéterminée. Mais pas en totalité. Le poids des gênes compte pour (seulement) 50 % de nos sensations. Il reste donc un champ entier à explorer pour comprendre de quoi dépend l'autre moitié de notre bonheur. Lyubomirsky est ainsi allée évaluer le rôle des conditions extérieures de nos vies, en demandant à ses sujets ce qui les rendrait plus heureux. Nous posons désormais la question à nos spectateurs lors de nos représentations, conférences ou séminaires, et voici ce qu'il en ressort : des envies de plus de temps, de soleil, d'argent ou d'amour. La maison de ses rêves, un autre conjoint ou une taille de pantalon en moins. Chacun de nous porte en lui le désir d'un monde différent, taillé sur mesure pour nous éviter ce que nous considérons être nos difficultés, nos manques ou nos limites.

Sonja Lyubomirksy a ensuite poussé ses recherches en partant à la rencontre de ceux qui avaient franchi le pas de la chirurgie esthétique, gagné au loto, déménagé dans un pays chaud, obtenu une augmentation ou exhaussé leurs fantasmes matériels. Et sa découverte fut sans appel. Les circonstances de nos vies, composées entre autres de nos biens, de notre cadre de vie et même de notre poids ou de notre état de santé, ne compte que pour 10 % dans notre capacité à être heureux.

Les changements nous procurent des satisfactions sur le moment, mais nous allons très vite nous y habituer. Donc, inutile d'imaginer que c'est en changeant tout que tout changera. Car même si nous révolutionnons notre environnement, c'est le même individu intérieur qui continuera de s'y promener et de l'habiter. Finalement, c'est en travaillant sur la manière dont nous naviguons dans n'importe quelles circonstances que nous allons pouvoir espérer être plus heureux.

Récapitulons :

- ☆ 50 % de notre capacité à être heureux sont prédéterminés par nos gènes. Ces 50 % constituent notre nature. Nous connaissons tous autour de nous des gens pétillants et d'autres plus mesurés. Cela peut en être l'explication.
- ☆ Les 10 % suivants sont conditionnés par les circonstances extérieures. Il est donc possible de les modifier et parfois nécessaire de le faire. Nous serons toujours plus épanouis dans un travail qui nous convient

qu'à une fonction pour laquelle nous ne sommes absolument pas faits. (Nous en reparlerons plus tard.)

☆ Il reste donc, pour piloter notre bien-être et notre bonheur, les derniers 40 %.

Et comme nous nous plaisons à le dire sur scène, 40 %, c'est ÉNORME !

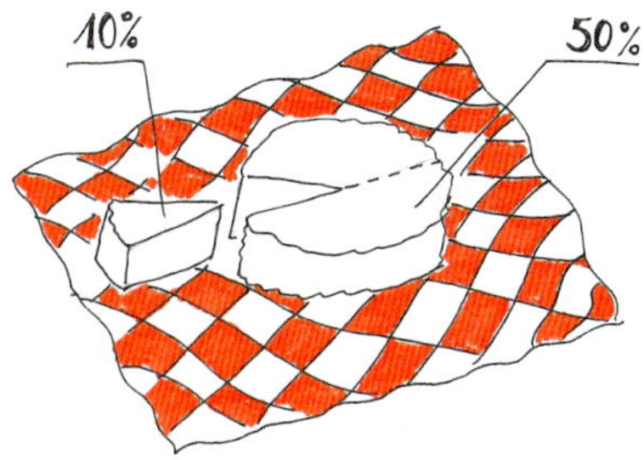

Cette portion est déterminée par l'interprétation que nous faisons de ce que nous vivons. Car bien que nous n'en ayons pas toujours conscience, il existe toujours plusieurs façons de lire une situation. Même lorsque la circonstance elle-même ne peut pas être modifiée : bloqués dans des ralentissements, compressés dans une rame de métro, frustrés de ne pas pouvoir tout faire, déçus par une promesse non tenue, etc.

On peut, par exemple, en cas d'embouteillage, plutôt que de maugréer sur le retard que cela entraîne ou l'injustice du fait que « ça tombe toujours sur nous », consacrer quelques minutes à pratiquer une respiration profonde et relaxante, ou en profiter pour planifier son prochain week-end. À l'inverse, si l'autobus ou le métro que nous allons prendre arrive à quai ou à notre arrêt exactement en même temps que nous, il est également essentiel de s'en réjouir, de lire, dans ce micro-événement, de la chance et de l'excitation. Car lorsque nous repérons des choses positives qui se passent autour de nous, notre cerveau se configure pour continuer à détecter les bénéfices. Deux personnes n'ont jamais la même lecture d'un événement, même s'ils l'ont vécu ensemble. Ce qui démontre qu'il y a une part très forte d'interprétation personnelle. Donc, des possibilités de s'y prendre autrement.

40%

Les derniers 40 % sont encore plus riches que nous ne l'imaginions. Ils contiennent aussi cette liberté que nous avons de choisir certains comportements, de pratiquer des exercices particuliers, de muscler certaines de nos capacités et de nous entraîner pour éprouver un changement de situation ou de perspective. C'est évidemment sur cette portion que s'appuient ce livre, notre spectacle et notre travail. Il est vain, frustrant et souvent décevant de vouloir changer ce qui ne peut pas l'être. Au contraire, il est très payant de porter son attention sur ce sur quoi nous avons du pouvoir.

Retrouver sa puissance

L'idée de la psychologie positive a germé dans l'esprit de Martin Seligman alors qu'il observait des souris qui renonçaient à s'abreuver. Elles étaient placées dans une cage disposant d'une manette. Lorsqu'elles pressaient dessus avec leur museau, le réservoir d'eau se remplissait. Puis les chercheurs déconnectaient l'arrivée d'eau. Donc, lorsque les souris avaient soif, elles pressaient la manette, sans résultat. Seligman a été frappé par la rapidité à laquelle elles cessaient alors d'appuyer sur la manette. Ayant admis leur impuissance, leur découragement était presque immédiat, au point de se laisser mourir si rien n'était fait pour les sauver.

Seligman s'est alors demandé si, comme l'impuissance, la puissance pouvait être rétablie et développée volontairement. C'est à ce moment-là qu'il a pris conscience que la psychologie possédait peu de données scientifiques sur ce qui nous donne de l'élan, des satisfactions, de l'entrain et la force de la résilience. Sans le savoir encore, il a axé l'objectif de la psychologie positive sur les 40 % de nous-même que nous contrôlons. Et Sonja Lyubomirksy en a fait son terrain d'exploration. À force de rencontres et d'études, son laboratoire est parvenu à dresser la liste des comportements délibérés des participants les plus heureux. Ces derniers relèvent de choix conscients et de filtres posés instinctivement ou volontairement sur la vie courante.

Les gens les plus heureux :

- ☆ consacrent du temps à leur famille et à leurs amis. Ils soignent et nourrissent ces relations ;
- ☆ ils expriment de la gratitude pour ce qu'ils possèdent ;
- ☆ ils proposent spontanément leur aide à leur entourage ou à des inconnus ;
- ☆ ils se montrent optimistes envers l'avenir ;
- ☆ ils savourent les plaisirs de la vie et tentent de profiter de l'instant présent ;
- ☆ ils se sentent engagés envers leurs objectifs (allant de nettoyer la cave jusqu'à partager leurs valeurs avec leurs enfants) ;
- ☆ et enfin, ils vivent aussi leur part de drames, tensions, crises et tragédies, en éprouvent autant de tristesse que d'autres, mais en déployant aussi leur force pour y faire face[2].

---

2. Sonja Lyubomirsky, *Comment être heureux et le rester. Augmenter votre bonheur de 40 %* (voir p. 50)

Mais attention, n'allez pas chercher dans cette liste un mode d'emploi à appliquer impérativement pour être heureux. Cependant, elle peut nous inspirer et nous aider à définir notre propre ingénierie du bonheur, qui consiste à repérer les situations qui nous nourrissent, pour choisir ensuite de les reproduire.

Pourquoi être heureux ?

D'un point de vue scientifique, s'épanouir dépasse le simple fait de se sentir bien. La somme des travaux d'Ed Diener, Laura King et Sonja Lyubomirsky a permis d'identifier les bénéfices secondaires du bonheur. Il nous rend plus sociables, plus coopératifs et plus charitables. Il nous donne de l'énergie, augmente nos chances de former un couple durable, et nous permet de créer un réseau plus large d'amis et de soutien. Être plus heureux rend plus agile et ingénieux intellectuellement, plus productif dans nos travaux. Sans compter que le bonheur nous prépare mieux au malheur, nous rendant plus résilients lorsque nous devrons faire face à de réelles difficultés. Ses effets secondaires affectent aussi notre santé, renforçant notre système immunitaire et nos défenses.

N'oublions pas enfin que se concentrer sur son bonheur est une démarche altruiste. Car c'est en nous sentant bien que nous aurons le plus à offrir autour de nous. Notre santé mentale et physique contribue à l'estime que nous avons pour nous-même et donc pour ceux qui nous entourent. Matthieu Ricard aime rappeler que, lorsqu'on se sent grandir, le respect que l'on éprouve pour soi-même s'applique finalement aussi aux autres êtres humains, voire vivants en général.

Les bénéfices

ou bonheur apprivoisé

- Se sentir bien.
- Distinguer ce qui mérite son attention du reste.
- Canaliser son énergie et ses efforts.
- Améliorer sa vie sans en changer.
- Mieux faire face à toutes les réalités.
- Être heureux d'être qui on est, où on en est, comme on est.

« Quand une personne vient me consulter, il est rare qu'elle débute la séance en me disant : « Je viens vous voir car je suis très heureuse. Pourriez-vous m'aider à être un peu malheureuse ? Tout ce bonheur me gêne ! » Les personnes qui font la démarche de « voir quelqu'un » ressentent toutes un mal-être. Mais quelle que soit leur histoire, tous les patients ont deux points communs : d'une part, ils aspirent à plus de bien-être et de bonheur ; d'autre part, ils pensent souvent qu'il faudrait un grand changement dans leur vie pour que tout s'arrange et se sentent coupables de ne pas pouvoir accomplir cette transformation radicale. J'entends souvent : « Si seulement je faisais ceci ! » « Je devrais faire ou dire ça ! » « Demain j'arrête ! » « Je commence lundi ! », etc.

Pour sortir de ce cercle vicieux, j'ai eu l'idée de créer un défi inspiré des travaux de Sonja Lyubomirsky. Les participants répondent à 10 questions, tous les jours pendant 21 jours.

(Les sciences cognitives nous enseignent que le cerveau a besoin de 21 jours consécutifs pour commencer à acquérir une nouvelle habitude ou changer un mode de pensée.) Cet exercice nous donne une très bonne base de travail en thérapie et me permet d'évaluer avec les patients les améliorations dans leur quotidien. Cela n'empêche pas de travailler en profondeur sur les causes de mal-être, mais cela les aide à se sentir plus acteurs de leur bonheur et à mieux affronter les choses douloureuses.

Le cerveau a besoin de 21 jours consécutifs pour commencer à acquérir une nouvelle habitude ou changer un mode de pensée.

Depuis deux ans, la « Fabrique à Bonheurs » lance ce défi sur sa communauté Facebook. Des milliers de personnes y participent à chaque fois et partagent au jour le jour leurs impressions. C'est toujours très touchant de voir nos participants prendre conscience que le bonheur est à portée de main. Comme l'a écrit l'une d'entre elles : « L'idée que l'on se fait du bonheur ressemble davantage à une abstraction qu'à une réalité quotidienne réellement vécue, or j'ai appris que le bonheur était dans mon quotidien. Je suis fière d'avoir tenu bon, d'être allée jusqu'au bout de ce défi que j'ai failli abandonner suite à une mauvaise nouvelle. Je sais maintenant pourquoi je l'ai fait, pourquoi cela me tenait tant à cœur : me prouver que j'étais capable de voir du positif dans ma vie, que je n'étais pas génétiquement conditionnée à ne voir que le côté négatif des choses. »

« Lorsque j'anime des ateliers d'Inspiration au bonheur, le travail le plus profond consiste, non pas à se réinventer, mais à mieux se connaître. Nous travaillons à partir des expériences de la vie de tous les jours de chacun. Car comme l'a compris Seligman, mieux profiter de nos vies telles qu'elles sont revient à avoir le contrôle de notre arrivée d'eau au bout de notre museau. Inspirée par la liste de Lyubomirsky, j'ai repéré les recoins de ma vie qui me mettent sur la voie de mes plus grandes satisfactions et me désaltèrent le mieux.

☆ Passer du temps et communiquer avec mes amis. Ma vie professionnelle est tellement pleine, que je sais que je dois m'organiser pour voir ou parler à ceux que j'aime : est-ce une perte de spontanéité ? Bien au contraire, c'est la garantie que je vais kiffer.

- ☆ Me lancer des défis : qui peuvent aller d'assembler une nouvelle bibliothèque à jouer une pièce de théâtre au Festival d'Avignon. Je ne le fais pas tant pour le plaisir du travail accompli, que pour l'aventure et la concentration que ça représente. Du reste, je tire légèrement la langue vers la gauche, lorsque je suis concentrée. C'est chez moi un signe de bonheur.
- ☆ Cuisiner : c'est du boulot, mais il y a de la couleur, des goûts et des aliments divins à se mettre dans la bouche à la fin. C'est une grosse part des satisfactions quotidiennes que je m'offre.
- ☆ Écrire : comme je le fais à l'instant en écrivant ceci. Je suis alors totalement dans l'instant présent. J'adore enfiler des mots sur le collier de mes idées. Je ressens comme des étincelles intérieures quand ça coule tout seul. J'en ai parfois mal aux doigts.
- ☆ etc.

Le travail le plus profond consiste, non pas à se réinventer, mais à mieux se connaître.

Mes participants se posent à leur tour la simple question de savoir ce qui leur fait du bien, leur apporte du plaisir, de l'engagement et du sens pour se mettre sur la voie de leur propre épanouissement. Et le travail, ensemble, peut commencer.

« Pour moi, la capacité à être heureuse est d'abord passée par la capacité à être joyeuse. À me reconnecter à cette joie que nous avons tous en nous. Une joie enfantine et vitale.

En juin 2002, j'ai découvert les bienfaits du rire. Un reportage présentait le fondateur des Clubs de rire en France, Daniel Kiefer. Marchand de hamacs sur les marchés alsaciens, il a créé le premier club à Mulhouse, après s'être formé au yoga du rire en Inde, auprès du Dr Madan Kataria. Ce médecin généraliste avait observé que ses patients les plus joyeux guérissaient généralement plus vite que ceux qui avaient une tendance à la morosité.

J'ai trouvé l'idée enthousiasmante – à l'époque, mère de trois jeunes enfants et prise par un travail qui m'épuisait, je sentais que j'avais besoin d'ouvrir de nouvelles portes.

Seul hic, il n'existait alors qu'un club en France. Quelques mois plus tard, j'ai découvert que trois adresses avaient ouvert à Paris, mais cela restait difficile à concilier avec ma vie de maman et mes obligations professionnelles. Je vis alors qu'une formation d'animateur de Club de rire était proposée en mars 2003. Si je ne pouvais pas aller au Club de rire, le Club de rire allait venir à moi. Me voici donc en route pour Mulhouse, mettant le pied dans une dynamique de joie infinie. La méthode du rire sans raison.

On ne rit pas parce que l'on est heureux, mais l'on est heureux parce que l'on rit.

Je suis rentrée à Paris, pleine d'une énergie joyeuse. Le soir même de mon retour, je rédigeais les statuts de mon club de rire pour les signer et les déposer le lendemain, 1er avril. Je trouvais la date prédestinée ! Malgré les prédictions pessimistes (« La mairie ne te prêtera jamais de salle ») ou les interrogations dubitatives (« Tu es sûre que ça va intéresser, ton truc ? »), les portes se sont ouvertes avec une facilité déconcertante. Quelques flyers plus tard, dans une salle mise gratuitement à ma disposition, j'ai vu arriver, au lieu des amis qui s'étaient dits vraiment intéressés (pas un n'est venu !), des inconnus qui sont devenus des amis. Pendant dix ans, tous les lundis soir, j'ai animé ce rendez-vous de la joie et du rire.

« On ne rit pas parce que l'on est heureux, mais l'on est heureux parce que l'on rit. » Tel est le slogan des clubs de rire. J'ai commencé à arroser mes graines de bonheur de ce rire joyeux et j'en récolte les fruits tous les jours.

LES EXERCICES

1. Évaluer son bonheur
2. Le défi de la fabrique à bonheurs
3. mon ingénierie du bonheur
4. La liste de mes envies

1. Évaluer son bonheur

MATÉRIEL NÉCESSAIRE : 1 carnet ou 1 ordinateur
DURÉE : 2 × 5 minutes
OBJECTIF : faire le point sur son niveau de satisfaction et de bonheur

Répondre aux questions qui suivent permet d'évaluer son bonheur à un instant précis. Nous vous recommandons d'évaluer votre niveau de bonheur avant de continuer la lecture de ce livre, puis de le faire une seconde fois lorsque vous l'aurez terminé. C'est une démarche d'observation de ses propres ressorts du bonheur.

Il n'y a pas de mauvaise réponse. Cette échelle de satisfaction de vie a été conçue par Ed Diener, l'un des pères de la psychologie positive. Ce test est fréquemment soumis aux participants d'expériences sur le bonheur, avant et après avoir pratiqué une activité définie. Il est utilisé dans l'évaluation du Bonheur Intérieur Brut (BIB) d'une nation.

1. JE SUIS SATISFAIT(E) DE MA VIE.

1------2-----3-----4------5------6-------7

2. EN GÉNÉRAL, MA VIE CORRESPOND DE PRÈS À MES IDÉAUX.

1------2-----3-----4------5------6-------7

3. MES CONDITIONS DE VIE SONT EXCELLENTES.

1------2-----3-----4------5------6-------7

4. JUSQU'À MAINTENANT, J'AI OBTENU
CE QUE JE VOULAIS DE MA VIE.

1------2-----3-----4------5------6-------7

5. SI JE POUVAIS RECOMMENCER MA VIE,
JE NE CHANGERAI PRESQUE RIEN.

1------2-----3-----4------5------6-------7

1 : FORTEMENT EN DÉSACCORD
2 : EN DÉSACCORD
3 : LÉGÈREMENT EN DÉSACCORD
4 : NI D'ACCORD, NI EN DÉSACCORD
5 : LÉGÈREMENT D'ACCORD
6 : D'ACCORD
7 : FORTEMENT D'ACCORD

Additionnez les 5 chiffres que vous avez entourés. Vous obtenez ainsi votre score sur 35 (la moyenne se situe entre 20 et 24).
Ce qui compte, cependant, est la variation de votre score entre deux dates pour comprendre ce que vous avez réalisé et qui vous a permis de vous sentir autrement.

2. Le défi de la fabrique à bonheurs

MATÉRIEL NÉCESSAIRE : 1 carnet ou 1 ordinateur
DURÉE : 10 minutes par jour pendant 21 jours
OBJECTIF : booster sa capacité à être heureux au quotidien

Chaque soir, essayez de répondre aux 10 questions qui suivent. Ne cherchez pas des réponses trop compliquées ou idéalistes. Le bonheur se cache dans les détails d'une journée. Si vous ne trouvez pas de réponse à une question, inutile de culpabiliser et de vous décourager. Vous avez encore de nombreuses journées pour trouver des réponses, vos réponses. À la fin de chaque semaine, relisez vos notes et faites un bilan en écrivant comment vous vous sentez, si des choses ont changé dans votre mode de pensée, dans vos interactions.

1. QU'EST-CE QUE J'AI APPRIS AUJOURD'HUI ?

On apprend tous les jours, parfois sans s'en apercevoir. Vous pouvez apprendre des choses académiques, de nouvelles manières de travailler, des astuces pratiques. Et vous pouvez aussi apprendre des expériences négatives.

›

2. QU'EST-CE QUI M'A FAIT RIRE AUJOURD'HUI ?

Même un sourire suffit. Une situation, une image, une conversation, un souvenir, un mot peuvent mettre du soleil dans notre journée.

›

3. QU'EST-CE QUI M'A SURPRIS AUJOURD'HUI ?

Là encore, il ne s'agit pas de LA grosse surprise, mais des petits clins d'œil de la vie auxquels on ne s'attendait pas. Ou une réaction qu'on a eue, plutôt peu courante pour nous.

›

4. DE QUOI SUIS-JE FIER AUJOURD'HUI ?

Notez ce qui vous a rendu fier des autres ou de vous-même. Le sentiment de fierté réside aussi dans les petites actions. On peut être fier d'avoir résisté à engloutir le troisième gâteau qui nous faisait de l'œil. D'accord, on en a mangé deux mais on a su s'arrêter.

›

5. QUELS ACTES D'AMOUR OU D'AMITIÉ AI-JE DONNÉS AUJOURD'HUI ?

Un regard, une main tendue, notre écoute, un câlin, un service, etc.

›

6. QUELLES PREUVES D'AMOUR OU D'AMITIÉ AI-JE REÇUES AUJOURD'HUI ?

Même chose que pour la question précédente, mais dans l'autre sens.

›

7. POUR QUOI OU POUR QUI JE RESSENS DE LA GRATITUDE AUJOURD'HUI ?

Savoir et oser dire merci, et reconnaître la gentillesse de quelqu'un ou quelque chose qui a été bon, bienveillant, positif pour nous. Ce peut être une personne, un animal, la vie, Dieu (pour les croyants) et même les Télétubbies. L'important est de reconnaître ce bienfait et de remercier.

›

8. QU'EST-CE QUE J'AI FAIT AUJOURD'HUI POUR ME RAPPROCHER UN PEU PLUS DE MON OBJECTIF OU DE MON RÊVE ?

Ce qui est compte ici, c'est le « un peu plus ». Même petites, toutes vos actions comptent dès lors qu'elles vous rapprochent de votre but. C'est la méthode des petits pas, qui est un super-catalyseur de motivation et de confiance en soi.

›

9. QU'EST-CE QUE J'AI FAIT POUR PRENDRE SOIN DE MOI AUJOURD'HUI ?

Une pause au lieu de courir dans tous les sens en pensant que l'on n'a pas le temps, écouter de la musique qui fait du bien, respirer 5 minutes, un automassage des mains, etc.

›

10. QU'EST-CE QUI M'A ENTHOUSIASMÉ, EXCITÉ OU INSPIRÉ AUJOURD'HUI ?

Ce n'est pas forcément quelque chose d'exceptionnel (mais si ça arrive, tant mieux pour vous !). Cela peut être une conversation, un nouveau projet même à l'état d'esquisse, une citation, une nouvelle rencontre, une ancienne rencontre, une œuvre d'art, etc.

›

3. mon ingénierie du bonheur

MATÉRIEL NÉCESSAIRE : 1 carnet ou 1 ordinateur
DURÉE : 15 minutes
OBJECTIF : mieux connaître ses mécanismes pour être heureux

En vous inspirant des comportements des gens les plus heureux listés par Sonja Lyubomirsky, dressez la liste de ceux que vous avez identifiés dans votre propre fonctionnement. Ajoutez les situations, circonstances ou actions qui vous procurent des satisfactions, vous donnent de l'énergie et la sensation d'être pleinement en vie. En les notant, vous incitez votre cerveau à les rechercher et les multiplier. C'est une liste ouverte que vous pouvez compléter à tout moment.

>

>

>

>

>

>

>

>

4. La liste de mes envies

MATÉRIEL NÉCESSAIRE : 1 carnet ou 1 ordinateur
DURÉE : 3 × 15 minutes
OBJECTIF : trier ses envies pour prendre de l'élan

Le désir est le moteur de l'humanité. Il nous sert à puiser la force d'aller vers nos objectifs et vers les autres. Or il est parfois difficile de répondre à la question : de quoi ai-je vraiment, vraiment envie. C'est donc l'exercice que vous allez faire, en trois fois, trois jours de suite. Consacrez quinze minutes, et pas plus (la frustration joue sur notre créativité), pour dresser cette liste.

Une fois que vous l'aurez terminée, classez vos envies entre celles sur lesquelles vous avez la main et celles qui ne dépendent pas de vous. Conservez cette liste pour la compléter, l'enrichir, la commenter et venir rayer ce que vous aurez réalisé.

Relisez-la de temps en temps pour vous recentrer et retrouver le désir d'aller vers celle ou celui que vous voulez être.

Les ressources
applis, sites, livres, formations, etc.

- *L'auto-atelier en ligne, « Être plus heureux sans effort »*. Un parcours de 7 jours pour expérimenter les ressorts immédiats du bonheur. On y apprend à : scanner la réalité, dépoussiérer ses capacités, amplifier ses émotions positives et savourer ! www.3kifsacademie.com
- *« La psychologie positive »*, **Martin Seligman**, conférence TED. www.ted.com
- *Comment être heureux et le rester. Augmenter votre bonheur de 40 %*, **Sonja Lyubomirsky**, Poche Marabout.
- *3 Kifs par jour et autres rituels recommandés par la science pour cultiver le bonheur*, **Florence Servan-Schreiber**, Poche Marabout.
- *Apprendre autrement avec la pédagogie positive*, **Audrey Akoun et Isabelle Pailleau**, Eyrolles.
- *Séminaires et formations en psychologie et pédagogie positives*. Les formations de la Fabrique à Bonheurs : www.lafabriqueabonheurs.com

En résumé

1. Le bonheur ne s'apprend pas mais se travaille.
2. La plasticité du cerveau nous permet de progresser vers notre épanouissement.
3. Se concentrer sur le meilleur nous donne une nouvelle lecture de nous-même.
4. Nous avons la main sur 40 % de notre capacité à être heureux.
5. Les bénéfices secondaires du bonheur en font un jeu qui dépasse largement l'augmentation de notre plaisir.

RESPIRER

RESPIRER

100 % naturel

Nous savons tous respirer. C'est l'une des fonctions, avouons-le, les plus miraculeuses de notre organisme. Car elle se produit toute seule. Le va-et-vient de l'oxygène se fait automatiquement. La respiration ne s'allume ni ne s'éteint en début ou en fin de journée et ce mouvement presque perpétuel ne relève pas d'une décision consciente. Elle ne s'éteindra définitivement qu'une seule fois, alors d'ici là, apprenons à en faire notre alliée. Car respirer, c'est exister.

Nous entretenons un rapport intuitif avec notre respiration. Lequel d'entre nous ne s'est pas déjà dit « Respire un grand coup » dans une situation de stress, de tension ou de confusion ? On le suggère aussi naturellement à quelqu'un que l'on sent en détresse. Travailler sa respiration ne date pas des découvertes de la psychologie positive et respirer n'est en aucun cas un remède moderne inventé par notre époque et ses accélérations. Les yogas les plus anciens proposent tous des exercices de souffle, car ils jouent sur notre système nerveux central.

La respiration est souvent utilisée comme technique de relaxation, mais aussi à d'autres occasions pour se ré-énergiser. Plusieurs études ont mesuré les impacts physiologiques d'une respiration contrôlée sur des marqueurs de notre bien-être. Elle peut provoquer une baisse de la tension artérielle et un ralentissement du pouls lorsque le cœur s'emballe pour des raisons émotionnelles. Quelques minutes seulement d'une pratique volontaire suffisent à nous procurer un mieux-être et à améliorer l'état « clinique » de notre organisme. En plus, ces effets perdurent. Par exemple, pratiquer régulièrement des exercices de respiration diminue les taux de cortisol (l'hormone du stress) dans l'organisme. Et un cortisol plus bas indique un état de calme qui permet de mieux réagir face aux sources quotidiennes de stress, tout en faisant diminuer nos risques d'infarctus futurs.

La méditation a elle aussi été très étudiée, pour en comprendre les bénéfices secondaires. Au centre de nombreuses techniques de médiation, d'ailleurs, se trouve l'attention au souffle. Mais attention, la méditation n'est pas une technique de relaxation, plutôt une hyperconscience de la réalité, dont les mouvements respiratoires font partie. Cependant, sa pratique développe les capacités de notre cerveau à percevoir le meilleur et nous rend, sur le long terme, plus apte à faire face aux tournants de la vie.

Le souffle des émotions

L'entrée et la sortie du souffle sont donc reliées à notre psychologie. Cela signifie que moduler sa respiration peut changer la façon dont on se sent. Nous pouvons influencer notre humeur, notre concentration, nos douleurs et nos émotions.

Un soupir en est le meilleur témoin. Il se déclenche lorsque nous sommes fatigués, agacés, résignés, débordés ou contrariés. Sauf s'il est de plaisir. Dans ce cas, il souligne toute notre satisfaction, souvent accompagné d'un sourire. Soupirer un grand coup nous permet, en réalité, de passer à autre chose ou de profondément savourer.

Le rapport direct entre le souffle et l'esprit a même été démontré au cours d'une étude effectuée en 2010 par l'université de Louvain. Les chercheurs ont induit, autant que possible, quatre émotions chez les participants : de la peur, de la colère, une sensation de bonheur et de la

tristesse. Ils ont alors noté les caractéristiques de leur souffle : longueur, profondeur, intensité. Des cadences très claires sont apparues et chaque émotion avait la sienne. La colère et la tristesse provoquaient des respirations courtes et rapides alors que le souffle du bonheur était profond et long. Au cours d'une seconde étape, un nouveau groupe de personnes a été invité à respirer selon les rythmes observés, mais cette fois c'est leur humeur qui a été mesurée. Eh bien, leur respiration a eu le pouvoir d'induire chez eux du bonheur, de la tristesse, de la colère et même de la peur. Les sensations intérieures des participants se sont modifiées quasi sur commande. Cette conclusion est révolutionnaire, puisqu'elle démontre que le souffle nous donne la possibilité d'influencer nos émotions. Il est en effet tellement difficile de se convaincre mentalement de ne pas avoir peur ou de ne pas être en colère, que passer par le corps pour y parvenir est une véritable ressource.
Alors, si le corps peut jouer sur notre esprit, comment peut-il le faire en notre faveur ?

La cohérence cardiaque

La variabilité cardiaque est un indicateur de l'agitation de notre système nerveux. En la mesurant à l'aide d'un capteur spécial placé sur l'extrémité d'un doigt, il est possible de visualiser notre état de remous ou de calme intérieur. On peut ainsi suivre en direct l'effet physiologique de ses réactions, les comprendre et, enfin, ressentir l'impact d'une respiration sur nos émotions. Car lorsque notre variabilité cardiaque accélère, la courbe qui la représente se dentelle ; lorsqu'elle se calme, l'ondulation se lisse.

Ces accalmies sont possibles parce qu'une respiration volontaire active notre système nerveux parasympathique, la partie de notre organisme qui est responsable, entre autres, du repos. Son contrepoids, le système sympathique, est en charge des accélérations, dont nous avons tout aussi besoin pour naviguer au quotidien. Sauf qu'une voiture roulant en permanence à vive allure ne pourra pas continuer sa route éternellement. Il faudra qu'elle se réalimente en carburant et qu'elle regonfle ses pneus pour tenir la longueur. La cohérence cardiaque propose justement cet arrêt au stand pour refroidir le moteur et gagner en endurance.

Être en cohérence cardiaque signifie que nous sommes parvenus à aligner nos deux systèmes nerveux : sympathique et parasympathique. Nous sommes alors dans un état neutre de ressource, et non dans un état de relaxation. Nos idées s'éclaircissent, nos préoccupations s'apaisent et nous reprenons le contrôle du fil de nos sensations.

Mise au jour par la recherche de l'Institut HeartMath© aux États-Unis, la cohérence cardiaque est de plus en plus utilisée par les professionnels de la santé, les thérapeutes, les enseignants, et aussi des gens comme vous et nous, soumis aux stress naturels de la vie et aux émotions qui s'ensuivent.

Voici donc le secret d'une respiration qui rétablit la cohérence de notre système nerveux : 5 secondes d'inspiration, suivies de 5 secondes d'expiration, le tout pendant 5 minutes. Vous aurez donc respiré 6 fois par minute. On respire normalement, c'est-à-dire par le nez, sans bruit ni profondeur excessive. Le rythme assez soutenu pourra vous surprendre, car ça n'est pas une respiration naturelle. Ces quelques minutes suffisent pour se réaligner.

On la pratique :

- ☆ à titre curatif, pour se remettre d'une émotion, surprise ou colère ;
- ☆ à titre préventif, soit quelques instants avant de faire face à une difficulté ou un défi ;
- ☆ comme exercice quotidien de régulation de son système nerveux.

(5 + 5) X 5

Le Dr David O'Hare est un spécialiste de la cohérence cardiaque. Il préconise ce qu'il appelle « le 365 » : 3 fois par jour, 6 respirations par minute, pendant 5 minutes. Facilement réalisable tous les jours : le matin avant de se lever, en milieu de journée et dans le courant de l'après-midi. La cohérence cardiaque aide aussi à s'endormir. Elle peut d'ailleurs provoquer un effet secondaire d'hyper-relaxation instantanée sur certains d'entre nous au cours de l'exercice, même en pleine journée.

Pour un effet durable, la posologie moyenne est de 5 minutes. Mais l'alignement intérieur se manifeste déjà au-delà de 1 minute de pratique, et plus on est entraîné, plus la cohérence s'atteint rapidement. On s'offre alors une « crise de calme ». On peut aussi, si on en a le temps et l'envie, respirer plus longtemps. Inutile cependant de dépasser 15 minutes, car les taux de cortisol résultant de notre stress ne baisseront pas davantage et vous serez probablement assailli par des pensées parasites qui vous remettront en incohérence. Ici, le moins est l'ami du bien : moins on en fait (mais convenablement), plus les effets seront bénéfiques.

notes perso

Les bénéfices
d'une respiration consciente

- **Avant une présentation.**
- **Avant une conversation ou un rendez-vous difficile.**
- **Avant de prendre une décision.**
- **Au décollage d'un avion ou si on a peur.**
- **Avec une classe en début de cours.**
- **Dans les transports en commun.**
- **Avant un *first date* (premier rendez-vous).**
- **Quand on sent monter la colère.**

« La première fois que j'ai entendu parler de cohérence cardiaque, mon cousin David Servan-Schreiber venait de rentrer des États-Unis où il exerçait son métier de psychiatre hospitalier. Il m'a invitée à une démonstration qu'il allait faire devant une salle entière. Lorsqu'il a cherché un cobaye, je me suis proposée. Il a relié à son ordinateur un petit capteur qu'il a accroché sur un de mes doigts et m'a demandé de respirer tout à fait normalement. À l'écran s'est dessinée une courbe assez accidentée, alors que je m'attendais à y voir un rythme régulier. Il ne s'agissait pas de mon pouls. Le logiciel indiquait ma variabilité cardiaque. Assise devant une centaine de personnes et face à l'inconnu, mon système nerveux était passablement agité. David nous a expliqué tout cela en parlant d'une voix douce, me félicitant, au passage pour mon courage et ma vaillance.

Mise en confiance, petit à petit, ma courbe s'est harmonisée. Puis, sans prévenir, David me questionna :
— Combien font 49 x 30 ?
— Hein ?
— Combien font 49 x 30 ?
À l'écran, ma douce vague s'est transformée en ligne d'horizon des aiguilles du Midi. Chaos total !
D'une part, je ne savais pas combien font 49 x 30, d'autre part, David m'avait prise par surprise. L'écran a tout révélé de mon embarras.
Heureusement, le bon docteur/cousin qu'il était ne m'a pas laissée dans cet état. Doucement, il m'a proposé de suivre une petite boule sur la droite de l'écran qui montait et descendait régulièrement. J'inspirais et expirais en me synchronisant avec son rythme. Au bout de 20 secondes à peine, la courbe de ma variabilité cardiaque avait retrouvé son ondulation. Au bout d'une minute, elle était devenue tout à fait harmonieuse, plus encore qu'avant le piège. J'avais atteint un état de cohérence cardiaque. Mais surtout, je me sentais de nouveau calme et en contrôle.

Au bout de 20 secondes à peine, la courbe de ma variabilité cardiaque avait retrouvé son ondulation.

Grâce aux logiciels de *biofeedback*, il est devenu possible de se « voir » respirer. Je me suis équipée de l'un de ces programmes (voir les ressources) pour expliquer ce phénomène, mais aussi pour m'entraîner à retrouver mon calme intérieur et l'enseigner.

« La légende familiale, et ma mère en son temps, raconte que je suis arrivée au monde avec beaucoup de retard et toute cyanosée. Ce mot, inscrit sur mon carnet de santé, m'a longtemps intriguée. Jusqu'à ce que je comprenne qu'il voulait dire que j'étais bleue par manque d'oxygène.

L'idée est plutôt chouette si l'on aime les Schtroumpfs, mais elle n'a pas, semble-t-il, beaucoup plu à la sage-femme, qui m'a donné une grande claque dans le dos pour que je respire enfin. Bienvenue ! Mes poumons se sont aussitôt remplis de cet oxygène miraculeux.

J'ai longtemps été à bout de souffle. Enfant, il était rare que je passe une journée sans être prise d'un hoquet épuisant. Ma respiration était souvent « contrariée ». Les courses d'endurance étaient un cauchemar pour moi.

Un peu plus tard, je me suis prise de passion pour la flûte traversière, et je l'ai pratiquée pendant plus de dix ans. Les deux premières années, impossible de comprendre le principe de la colonne d'air. Je m'époumonais (littéralement) à tenter de jouer de mon instrument. Jusqu'au jour où une professeure providentielle m'a demandé de m'adosser contre le mur en pliant les jambes comme si j'étais assise sur un tabouret invisible. C'était la posture parfaite pour me faire « sentir » comment l'air circulait dans mon corps, faisait se gonfler et se dégonfler mon ventre, bouger mon diaphragme. Pour la première fois, j'ai pris conscience de ma respiration ventrale et senti l'air entrer et sortir de mon corps. Moment infiniment magique : les sons qui sont ensuite sortis de ma flûte n'avaient plus rien à voir avec ceux de mes débuts d'instrumentiste.

Plusieurs fois dans la journée, je dois penser à respirer. Pour m'ancrer dans l'instant, relâcher les tensions, apprécier d'être vivante.

Encore aujourd'hui, je prends conscience régulièrement que je ne respire pas. C'est un peu comme si j'étais en rééducation constante de ma respiration. Je ne suis plus bleue, mais je ne respire toujours pas vraiment. Juste une petite respiration haute, comme si je humais l'air. Plusieurs fois dans la journée, je dois penser à respirer. Respirer pour m'ancrer dans l'instant, pour relâcher les tensions, pour apprécier d'être vivante. Les techniques de respiration consciente, les exercices de cohérence cardiaque sur mon téléphone « intelligent », m'aident à développer ce qui ne m'a pas été instantanément donné à la naissance.

« Quand j'ai décidé de changer de métier, j'ai commencé par une formation en sophrologie. La respiration est un élément essentiel de cette pratique et ces cours ont été pour moi une révélation.

Depuis douze ans, j'apprends à tous mes patients, petits et grands, à respirer. C'est la base de toute démarche pour aller vers soi et (re)trouver l'harmonie. J'ai donc, dans ma boîte à outils, de nombreuses variétés de respirations.

Il y en a une que j'aime particulièrement et que je pratique tous les jours. Je l'appelle la respiration « du ballon ». Elle m'est d'une grande aide dès que je sens le stress monter, les tensions s'installer et dans tous les moments désagréables (métro, embouteillages, salle d'attente, réunion, etc.)

Je ferme les yeux. J'inspire profondément et calmement par le nez. À chaque expiration, j'imagine que je souffle dans un ballon de baudruche. J'allonge mon expiration pour gonfler le plus possible le ballon. J'inspire longuement, j'expire longuement.

Quand que je souffle, j'imagine que j'expulse tout ce qu'il y a de négatif en moi : mes douleurs, mes tensions, mes sentiments négatifs, mes émotions désagréables, mes pensées négatives. Tout ce qui me gêne et dont je veux m'alléger. Et tout ce négatif prend la forme d'une fumée qui remplit le ballon. Dès que mon ballon est bien rempli, j'inspire et j'expire une dernière fois en imaginant qu'il s'envole avec la fumée.

Apprendre à respirer est la base de toute démarche pour aller vers soi et (re)trouver l'harmonie.

Parfois aussi, j'imagine tout simplement que je souffle des bulles, comme des bulles de savon, qui symbolisent chacun de mes soucis. Je laisse les bulles s'envoler.
Une variante que j'aime bien consiste à imaginer une table devant moi. Chaque fois que je souffle, j'y dépose un « dossier » négatif. Une fois que j'ai posé tous mes dossiers sur la table, j'ouvre les yeux et je me sens beaucoup plus légère. Le déplacement du négatif par la respiration me permet de prendre de la distance avec tout ce qui me gêne au quotidien. C'est aussi une façon de m'alléger l'esprit quand j'ai du mal à m'endormir. Cinq minutes suffisent pour un apaisement durable.
En général, je termine ma séance de respiration en me remplissant de positif : pensées, ressources aidantes, images positives, musique, sentiments agréables, etc. J'imagine qu'à chaque fois que j'inspire je me remplis d'un air chargé de toutes ces jolies ressources et je laisse cette belle énergie irradier tout mon être.

- [ ] ____
- [ ] ____
- [ ] ____

LES EXERCICES

1. La vague
2. Le meilleur du pire
3. Le kapalabhati

1. La vague

MATÉRIEL NÉCESSAIRE : feuille de papier + stylo + minuteur ou trotteuse
DURÉE : 10 minutes
OBJECTIF : sentir ce qu'est le rythme de la cohérence cardiaque par vous-même, sans guide

Installez-vous confortablement à une table, les jambes décroisées. Placez une feuille de papier sur la table, à l'horizontale. Prenez votre stylo en main, posez la mine à l'extrémité gauche de la feuille.
Commencez à respirer. En inspirant, laissez votre main tracer une ligne vers le haut de la feuille et en expirant, vers le bas, sans décoller la pointe du stylo. Enchaînez avec la respiration suivante. La ligne est donc continue et forme des vagues. Continuez pendant 2 minutes.
Posez votre stylo et comptez le nombre de sommets de vagues que vous avez dessinés. Lorsqu'on est en cohérence cardiaque, en 2 minutes, on a tracé 12 vagues régulières, aussi hautes que basses. Observez si vous en avez plus, ou moins.

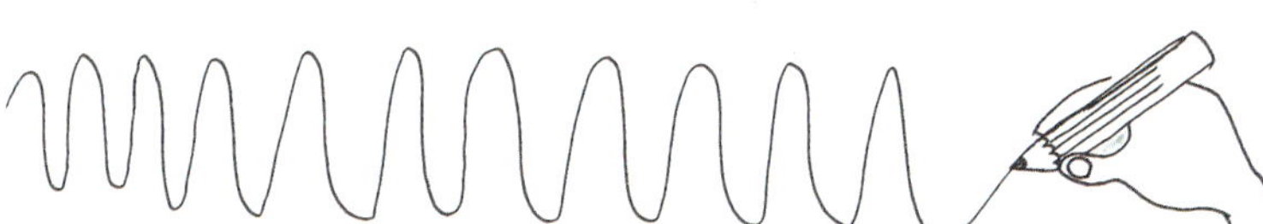

Plus signifie que vous avez respiré plus rapidement que 5 secondes d'inspiration et 5 secondes d'expiration ; moins, que vous avez respiré plus lentement que ce rythme-là.
Recommencez une seconde ligne de vagues pour vous ajuster. Aidez-vous en comptant mentalement de 1 à 5 dans chaque sens du souffle.
Au bout de 2 minutes, comptez vos vagues de nouveau, et mesurez vos progrès.
Recommencez une troisième fois pour vous perfectionner.
Vos progrès démontrent que vous allez pouvoir bientôt voler de vos propres ailes. Tracer des vagues nous aide à nous concentrer sur notre souffle.

2. Le meilleur du pire

MATÉRIEL NÉCESSAIRE : feuille de papier + stylo + minuteur ou trotteuse ou guide respiratoire*
DURÉE : 20 minutes
OBJECTIF : résoudre un dilemme

Se trouver face à des choix cornéliens s'appelle aussi « avoir le choix entre la peste et le choléra ». Car il nous arrive de devoir choisir entre deux mauvaises solutions. Si c'est le cas, inscrivez votre préoccupation et tracez en dessous deux colonnes.

Colonne A = 1re solution
Colonne B = 2e solution

Posez votre stylo, asseyez-vous bien droit, les jambes décroisées et les pieds posés au sol. Soit en observant une trotteuse, soit à l'aide d'un guide respiratoire, pratiquez, pendant 3 minutes, une respiration consciente de 5 secondes d'inspiration suivies par 5 secondes d'expiration.
Listez alors tous les inconvénients de la solution A dans la première colonne. Prenez votre temps pour avoir bien tout pris en compte. Posez votre stylo et pratiquez à nouveau 3 minutes de respiration consciente.

* VIDÉO OU ENREGISTREMENT QUE L'ON SUIT POUR RESPIRER AU RYTHME INDIQUÉ

Procédez alors de même pour la solution B. Posez à nouveau votre stylo et pratiquez encore une fois 3 minutes de cohérence cardiaque.

Relisez votre liste et faites votre choix.

S'il est encore difficile à faire, fixez-vous une date ultérieure pour y revenir. Il n'est pas utile, en effet, de s'encombrer de choix qui nous inquiètent en permanence. Savoir pour quand doit être prise une décision peut nous aider à nous en libérer et à moins ruminer.

notes perso

3. Le Kapalabhati

MATÉRIEL NÉCESSAIRE : de quoi vous asseoir confortablement, la colonne vertébrale bien droite, sur une chaise, un cousin, ou au sol, en tailleur ou à genoux + 1 mouchoir en papier (on ne sait jamais)
DURÉE : 2 minutes
OBJECTIF : améliorer son humeur et avoir de l'énergie

Le Kapalabhati est une respiration abdominale utilisée par les yogis. Elle stimule l'organisme et le système immunitaire, débloque le souffle et soulage les tensions mentales.
Installez-vous le dos droit, les voies nasales bien libérées. Fermez les yeux. N'hésitez pas à vous moucher avant de commencer. Inspirez profondément et expirez par à-coups secs et courts, en saccades. L'expiration est consciente et l'inspiration passive. À chaque expiration, vous sentez votre paroi abdominale se contracter. Expirez ainsi 27 fois.
Puis prenez une grande respiration et retenez votre souffle aussi longtemps que possible. Pendant ce temps, penchez la tête en avant pour que votre menton touche le haut de votre torse en aspirant votre nombril vers la colonne vertébrale. Quand vous n'y tenez plus, relâchez tout, inspirez et recommencez les 27 expirations. Faîtes 3 séries à la suite.
Cette respiration classique se pratique dès qu'on a envie de renouveler ou d'activer son énergie.

Les ressources :
applis, sites, livres, formations, etc.

- *Le guide respiratoire de l'oursin* : pour pratiquer 5 minutes de cohérence cardiaque dernière son écran.
  Sur www.florenceservanschreiber.com
- *O-Zen* : un jeu vidéo du groupe Ubisoft pour apprendre à mieux gérer son stress. Disponible sur www.3kifsacademie.com
- *Initiation à la cohérence cardiaque pour tous* : un cours en ligne du Dr **David O'Hare** disponible sur www.3kifsacademie.com
- *Une séance de cohérence cardiaque guidée par David Servan-Schreiber* : www.ifemdr.fr
- *Cohérence cardiaque 365*, **David O'Hare**, Thierry Souccar Éditions.
- *Guérir le stress, l'anxiété, la dépression sans médicaments ni psychanalyse*, **David Servan-Schreiber**, Pocket.
- *Respirerlax* : une application à programmer au bon rythme sur App Store.

Et pour les pros...

- **Des logiciels de *biofeedback*** pour les formateurs et professionnels de la santé : www.symbiofi.com

En résumé

1. La respiration est un mécanisme automatique.

2. Nos émotions affectent notre respiration et réciproquement.

3. Activer le système nerveux parasympathique permet de se centrer.

4. Une respiration consciente peut prendre le contrôle de nos émotions.

5. Inspirer 5 secondes et expirer 5 secondes en continu pendant 5 minutes nous met en état de cohérence cardiaque.

SUPER POUVOIRS

LES SUPER-POUVOIRS

Savez-vous que vous avez des super-pouvoirs ?

Pas trop ? Pas trop encore, alors.

Un super-pouvoir, qu'est-ce que c'est ? C'est un trait de caractère extrêmement banal, sauf que c'est le nôtre. Et quand on l'active, on ne sent plus l'effort et on soulève des montagnes. Est-ce que cela vous semble simple ? Trop simple ? Pourtant, ça peut faire toute la différence.

Une des croyances les plus répandues est que, pour améliorer nos vies, nous devons nous concentrer sur nos points faibles. Progresser, dans notre imaginaire, consiste à partir de très bas pour arriver le plus loin ou le plus haut possible. Comme si seule une destination lointaine et un objectif encore invisible étaient les vraies récompenses de nos efforts. Dans le même esprit, certains persistent à penser qu'il faut tout changer autour de soi pour que la vie change. Et que pour devenir meilleurs, nous devons nous améliorer.

Mais non ! Pour vivre une vie plus satisfaisante, nous devons avant tout nous bonifier. Comme un vin qui, avec le temps, va développer ses particularités, ses arômes et sa personnalité, nous avons nous aussi tout intérêt à connaître nos modes de fonctionnements naturels pour les déployer.

Martin Seligman s'est intéressé en priorité à nos qualités naturelles. Très tôt, il a senti que ce qui améliorait la saveur de nos expériences, et de nos vies en général, était de laisser fleurir notre personnalité. De la révéler, en commençant par se connaître le mieux possible.

Il s'est surtout rendu compte que nous étions, dans nos vies de tous les jours, bien plus occupés à déceler nos défauts que nos points forts. Et surtout plus enclins à souligner le négatif que le positif. Dès qu'on se pose la question de savoir, par exemple, ce qui ne nous plaît pas chez nous, nos réponses viennent rapidement. Souvent, on commencera par le physique : la forme d'un nez, une taille trop grande, ou trop petite, une nature de cheveux décevante ou indomptable, puis suivront les traits de personnalité : trop impatient, gourmand ou nul en maths. Mais si la question inverse nous est posée, les réponses sont plus difficiles à déterrer. Et ce pour plusieurs raisons.

Le biais du négatif

Les humains ont tous un point commun. Nous percevons en priorité le négatif. Ce qui cloche est toujours plus saillant que ce qui va bien. Nous prenons l'habitude de considérer que ce qui fonctionne est normal et ce qui dysfonctionne exceptionnel. Le meilleur exemple est celui de la ponctualité des trains. Nous est-il déjà arrivé d'engager la conversation à propos d'une entrée en gare à l'heure prévue avec nos voisins de TER ? Non. Alors que le moindre retard entraîne une indignation généralisée que nous jubilons, d'ailleurs, de partager avec des inconnus.

Reconnaître ce qui ne va pas nous rapprocherait donc les uns des autres. Cette mécanique a son utilité, puisqu'elle nous permet de faire face aux

dangers et a probablement aidé nos ancêtres à surmonter pas mal d'embûches au cours des âges. Mais si nous laissons faire la nature, sans nous pousser à détecter le meilleur aussi, nous renonçons à nous connaître entièrement.
D'autant que l'énoncé de ses propres qualités n'est pas du tout courant dans notre vieille Europe. Affirmer ses forces est considéré comme de la vantardise, de la prétention, pour ne pas dire de la vulgarité. La culture américaine, au contraire, prône les réussites et les talents. Jusque dans le système éducatif, plus enclin à encourager les enfants à développer leurs points forts qu'à se glisser dans un moule de discrétion et de retenue. Il semble donc logique que les premiers chercheurs à avoir tenté de définir ce qu'étaient nos qualités soient américains.

L'inventaire des forces de caractère

C'est donc en fixant les bases de la psychologie positive, comme l'étude de ce qui marche, que Martin Seligman et Christopher Peterson se sont attelés à définir des profils individuels de nos qualités. Ce travail leur a été inspiré par le *Manuel de diagnostic des désordres mentaux*, bible de la psychiatrie américaine. Ils ont en effet estimé que s'il existait un livre capable de recenser toutes les troubles mentaux, il pourrait en exister un qui listerait toutes les qualités humaines. En 2004, ils se sont mis au travail et ont créé un vocabulaire positif basé sur nos valeurs et nos personnalités mesurables.
Ils ont cherché à identifier nos traits de personnalité stables dans le

temps, même si ceux-ci pouvaient occasionnellement être affectés par les situations que nous traversions. Ils ont commencé par brainstormer avec certains de leurs collègues chercheurs, puis se sont tournés vers les textes anciens en religion, politique, éducation et philosophie. Ils ont formulé les valeurs qui nous animent positivement et ont même décortiqué la culture populaire des cartes de vœux et citations inspirantes, pour comprendre ce qui provoque chez nous des élans positifs.

Ils ont ensuite envoyé des explorateurs sur le terrain pour vérifier, auprès de populations les plus variées, que leur liste initiale se vérifiait dans le monde entier : guerriers massaïs, chasseurs de baleine inuits, Européens, Indiens, Africains, Australiens, Asiatiques, etc. Tout le monde a été interrogé et une liste de 24 qualités validée.

Ces qualités sont mesurables, épanouissantes et stables sur le long terme. Elles ne décrivent pas des personnalités surdouées et sont encouragées par les normes de vie en société. En les regardant de plus près, on s'aperçoit que certaines avaient déjà été décrites par Aristote. Les humains restent humains au fil des âges.

Une fois cette liste confirmée, Seligman et Peterson ont publié un manuel de classification de nos traits de personnalité de plus de 800 pages. Autant dire qu'ils sont entrés dans le détail. Mais soucieux de rendre cette connaissance pratique et applicable, ils ont aussi rédigé un questionnaire que l'Institut VIA , grâce à la générosité de la famille Myerson, passionnée de psychologie et de progrès, a mis gratuitement en ligne pour le grand public. Progressivement traduit au fil des années, ce questionnaire est désormais disponible dans le monde entier et accessible à tous ceux qui ont accès à une connexion Internet.

Les 24 forces de caractère

Les 24 qualités ont été classées par familles : sagesse, tempérance, courage, humanité, justice et transcendance. En résumé, les six piliers qui nous permettent de bien vivre avec nous-même, de savourer notre humanité et ses limites, de nous épanouir dans notre relation au monde et avec ceux qui nous entourent.
En voici la liste, pour vous y reconnaitre.

SAGESSE ET CONNAISSANCES

- **Créativité, ingéniosité et originalité.** Pensez à des nouvelles manières de faire les choses fait partie intégrante de votre personnalité. Vous ne vous contentez jamais de les réaliser de façon conventionnelle si une meilleure manière est possible.
- **Curiosité et intérêt accordé au monde.** Vous vous intéressez à tout. Vous posez toujours des questions, et vous trouvez tous les sujets et toutes les matières fascinants. Vous aimez l'exploration et les découvertes.
- **Discernement, pensée critique et ouverture d'esprit.** Bien réfléchir aux choses et en examiner tous les aspects sont des points importants de votre personnalité. Vous ne tirez pas de conclusions hâtives, et vous ne vous appuyez que sur des indications sûres pour prendre vos décisions.
- **Amour des études, de l'apprentissage.** Vous adorez apprendre de nouvelles choses, que ce soit dans une classe ou par vous-même. Vous avez toujours aimé l'école, la lecture, les musées. Où que vous soyez, vous trouvez l'opportunité d'apprendre.
- **Perspective, sagesse.** Bien que vous ne vous considériez pas comme un sage, vos amis vous perçoivent comme tel. Ils ont de l'estime pour votre capacité à considérer les choses avec du recul et se tournent vers vous lorsqu'ils ont besoin de conseils. Vous avez une manière de voir les choses qui semble aussi logique aux autres qu'à vous-même.

COURAGE

- **Courage et vaillance.** Vous êtes une personne courageuse qui ne recule pas devant la menace, les défis, les difficultés ou la douleur.

Vous prenez la parole en faveur de ce qui est juste même s'il y a de la résistance. Vous agissez selon vos convictions.

- ☆ **Assiduité, application et persévérance.** Vous travaillez dur pour terminer ce que vous commencez. Quel que soit le projet, vous « abattez le travail » dans les plus brefs délais. Vous ne vous laissez pas distraire lorsque vous travaillez, et vous tirez de la satisfaction de l'accomplissement des tâches.
- ☆ **Honnêteté, intégrité et sincérité.** Vous êtes quelqu'un d'honnête, non seulement vous dites la vérité, mais vous vivez votre vie d'une façon sincère et authentique. Vous savez garder les pieds sur terre, et cela sans prétention ; vous êtes quelqu'un de « vrai ».
- ☆ **Joie de vivre, enthousiasme, vigueur et énergie.** Quelle que soit la tâche qui vous est confiée, vous l'abordez avec passion et énergie. Vous ne faites pas les choses à moitié et vous ne faites rien sans enthousiasme. Pour vous, la vie est une aventure.

HUMANITÉ

- ☆ **Capacité d'aimer et d'être aimé(e).** Vous accordez de l'importance aux relations intimes avec les autres, en particulier celles dans lesquelles la confiance et l'attention sont réciproques. Les personnes desquelles vous vous sentez les plus proches sont celles qui se sentent proches de vous.
- ☆ **Gentillesse et générosité.** Vous êtes bon et généreux envers les autres, et vous n'êtes jamais trop occupé pour rendre un service. Vous aimez faire de bonnes actions pour les gens, même lorsque vous ne les connaissez pas bien.
- ☆ **Intelligence sociale.** Vous êtes conscient des sentiments des autres et de ce qui les motive, vous savez comment vous insérer dans différents cadres sociaux, et vous savez comment mettre les autres à leur aise.

JUSTICE

- ☆ **Citoyenneté, travail d'équipe et fidélité.** Vous excellez en tant que membre d'un groupe. Vous êtes un camarade fidèle et dédié, vous faites toujours votre part du travail et travaillez dur pour le succès du groupe.
- ☆ **Impartialité, équité et justice.** Traiter les gens équitablement est l'un de vos principes permanents. Vous ne laissez pas vos sentiments personnels influencer vos décisions à propos des autres, vous donnez à chacun sa chance.
- ☆ **Capacité à diriger.** Vous excellez lorsqu'il s'agit de diriger : encourager un groupe à réaliser les tâches qui lui sont confiées et maintenir l'harmonie en son sein en faisant en sorte que chacun se sente inclus. Vous êtes doué pour organiser des activités et veiller à leur bon déroulement.

TEMPÉRANCE, MODÉRATION

- ☆ **Pardon.** Vous pardonnez à ceux qui vous ont fait du tort. Vous donnez toujours une seconde chance aux gens. Votre principe directeur est le pardon et non la vengeance.
- ☆ **Modestie et humilité.** Vous ne cherchez pas à être sur le devant de la scène et vous préférez laisser vos actes parler d'eux-mêmes. Vous ne vous considérez pas comme étant quelqu'un de spécial, et les autres reconnaissent et ont de l'estime pour votre modestie.
- ☆ **Précaution, prudence et discrétion.** Vous êtes quelqu'un de prudent, et vos choix sont par conséquence des choix prudents. Vous ne faites ni ne dites des choses que vous risqueriez de regretter par la suite.
- ☆ **Maîtrise de soi et autorégulation.** Vous maîtrisez consciemment ce

que vous ressentez et ce que vous faites. Vous êtes discipliné. C'est vous qui contrôlez vos appétits et vos émotions, pas l'inverse.

TRANSCENDANCE

- ☆ **Reconnaissance de la beauté.** Vous remarquez et appréciez la beauté, l'excellence, et/ou les performances habiles dans tous les domaines de la vie, allant de la nature aux arts, aux mathématiques, aux sciences et à la vie quotidienne.
- ☆ **Gratitude.** Vous êtes conscient des bonnes choses qui vous arrivent, et vous ne considérez jamais qu'elles vous sont dues. Vos amis et les membres de votre famille savent que vous êtes une personne reconnaissante parce que vous prenez toujours le temps d'exprimer vos remerciements.
- ☆ **Espoir, optimisme et anticipation du futur.** Vous pensez que les choses vont s'améliorer, et vous y travaillez. Vous considérez que l'avenir est quelque chose que vous pouvez contrôler.
- ☆ **Humour et enjouement.** Vous aimez rire et taquiner. Vous apportez de la joie et de la bonne humeur. Vous essayez de voir le bon coté de chaque situation.
- ☆ **Spiritualité, religiosité, but dans la vie, foi.** Vous avez des croyances fortes et cohérentes en ce qui concerne la raison d'être de l'univers et la puissance supérieure qui le régit. Vous connaissez votre place au cœur du plus grand dessein. Vos croyances sont à l'origine de vos actions et sont une source de bien-être/réconfort pour vous.

SE SAVOIR UNIQUE

Il nous arrive parfois, lorsque nous animons des ateliers autour du questionnaire*, que les forces de caractère qu'il révèle ne plaisent pas à leur propriétaire : « On dirait un bonnet de nuit, nous a dit Marie en brandissant son inventaire. Et le pire est que les résultats ne sont même pas faux, mais si j'aligne mes cinq premières qualités, je m'ennuie déjà à être moi. Où sont la joie et la spontanéité dans tout ça ? »

La réaction de Marie nous rappelle que nos forces ne sont pas nécessairement sexy, mais que c'est leur combinaison qui nous rend unique. Cependant, si vraiment on ne s'y reconnaît pas, la première démarche consiste à répondre de nouveau au questionnaire. Dans un second temps, on peut aussi tenir compte du fait que nous sommes influencés par les périodes que nous traversons. Certaines personnes viennent évaluer leurs forces de caractère régulièrement. Une fois par an étant le rythme idéal. Elles s'aperçoivent alors que leurs résultats varient d'une fois sur l'autre. Le fond ne bouge pas tant que cela mais, d'une année sur l'autre, une qualité peut avoir grimpé de quelques étages ou au contraire cédé sa place d'autant. Votre curiosité et créativité ne bougeront probablement pas tant que cela, mais votre joie de vivre pourra être plus élevée si vous avez consciemment pris la décision de mieux profiter des bonheurs de la vie.

* WWW.VIAME.ORG

Les neurosciences ont démontré que notre faculté d'apprentissage est ouverte à vie. Les experts sont même parvenus à définir qu'une expertise s'acquiert en huit à dix mille heures de travail et de répétition. Ryan Niemieck, animateur des recherches autour de ce questionnaire, raconte volontiers qu'il y a huit ans sa capacité à aimer et à être aimé était assez basse. Mais il a pris la décision de laisser s'exprimer son affection. Nous le soupçonnons évidemment d'être tombé amoureux à cette période-là de sa vie. Toujours est-il que, dans ses résultats les plus récents, l'amour apparait désormais dans son trousseau de clés, c'est-à-dire en tête de sa liste. Et, de fait, il se sent plus relié aux autres. C'est une pratique volontaire qui lui a permis d'être plus à l'aise dans l'exercice et l'appréciation de l'amour. Huit à dix mille heures d'expérience supplémentaire peuvent donc mener à une vie bien plus agréable, même s'il s'agit de tendresse.

Chris Peterson, l'un des auteurs du questionnaire, nous rappelle quand même qu'il s'agit d'un outil, pas d'un oracle. Les résultats ne devraient pas nous apprendre des choses totalement neuves sur nous-même. Juste nous permettre de les formuler avec plus de précision et de détails. Il rappelle aussi que si nos qualités nous ennuient, il est essentiel de les redécouvrir en revisitant ce qu'elles nous apportent et ce qu'elles apportent aux autres. L'humilité, par exemple, n'a peut-être pas une connotation très excitante, mais c'est celle qui nous permet de nous acquitter de nos tâches essentielles, tranquillement, dans notre coin. C'est un facteur indispensable à une vie normale et productive.

N'oublions pas que nos qualités sont cumulables et interchangeables. Nous les convoquons lorsque nous en avons besoin. Et pouvons les éduquer un peu. Aller par exemple au sport ou au yoga pour développer sa joie de vivre, car le corps prendra le relais pour fabriquer les endorphines qui nous feront nous sentir plus vivants.

LE TROUSSEAU DE CLÉS

Notre trousseau de clés personnel se définit donc par nos cinq qualités les plus fortes. Accepter nos points forts est, en réalité, un exercice d'humilité. Car pour capitaliser sur elles, nous devons reconnaître que nous ne pouvons pas tout être à la fois. Florence, par exemple, a un score assez bas en discernement. Face à des défis, elle ne réfléchit pas toujours à toutes les implications. Elle le sait et s'est déjà retrouvée devant des surprises désagréables qu'elle aurait pu éviter en y pensant plus en détail. Mais du coup, elle sait aussi que, face à l'imprévu, et quand elle se trompe, elle fera preuve de créativité pour se tirer d'affaire. Et même si ça n'est pas le chemin le plus linéaire, c'est sa façon de faire.

Isabelle, elle, a la maîtrise de soi et l'autorégulation en vingt-quatrième place. Elle ne maîtrise pas consciemment ce qu'elle ressent et ce qu'elle fait. Et la discipline pour la discipline, malgré son air sérieux (seulement pour ceux qui ne la connaissent pas !), n'est pas son talent principal. Ses enfants lui disent régulièrement qu'elle « pleure pour rien », traduisez qu'elle a la larme facile et la gorge qui se serre souvent lorsque les émotions arrivent. Maintenant qu'elle a accepté cette « sensibilité » comme étant une force plutôt qu'un défaut, qu'elle apprivoise et s'autorise à exprimer, sa vulnérabilité est certainement son sabre de Jedi.

Quant à Audrey, elle a la précaution, la prudence et la discrétion en vingt-deuxième position. Elle va souvent dans les extrêmes et parle de manière très spontanée, sans vraiment y penser à deux fois. Surnommée « la reine des gaffes », elle est capable de se mettre dans des situations farfelues. Mais Audrey dispose d'une force qui la sauve de cela : l'humour et l'enjouement. Elle sait qu'elle peut compter sur sa capacité à rire et à faire rire pour se sortir et/ou assumer ses bourdes.

Lorsqu'on réfléchit en terme de forces de caractère, il devient donc beaucoup plus productif de mettre ses « défauts » de côté pour laisser éclore son propre système de fonctionnement. Et qu'importe si un autre s'y prendrait autrement. Notre manière à nous nous réussira toujours mieux.

Les bénéfices
des super-pouvoirs

- Porter sur soi un regard positif.
- Se sentir plus confiant.
- Se lancer les bons défis.
- Prendre du plaisir à ce que l'on fait.
- Réussir ce que l'on entreprend.
- Être mieux compris par les autres.
- Débloquer des situations de la vie courante en les activant.

« J'ai longtemps pensé que j'étais égoïste et sans cœur, incapable d'aimer et d'être aimée. Autant de douceurs emmagasinées au fil du temps qui s'étaient inscrites dans toutes les fibres de mon corps et qui me pourrissaient la vie. J'ai appris à sourire quand j'ai entendu cette belle phrase de sœur Emmanuelle : « Souris au monde et le monde te sourira. » J'ai essayé et ça a marché !

Lorsque j'ai découvert les vingt-quatre forces de caractère, j'ai été profondément surprise de constater que la gentillesse et la générosité faisaient partie de mes superpouvoirs, tout autant que la capacité d'aimer et d'être aimée. Certes, depuis l'enfance, j'avais tordu le cou à certaines croyances, mais je n'avais pas réussi à récurer complètement le fond de la cuve. Prendre conscience de mes super-pouvoirs m'a permis d'opérer ce nettoyage en profondeur. Je n'étais pas pire qu'une autre, pas mieux non plus, mais imparfaitement unique en mon genre. Cette découverte continue à nourrir ma gratitude, ma curiosité et ma joie.

Régulièrement, j'utilise le questionnaire des forces de caractère avec mes patients. Notamment avec ceux qui s'épuisent à courir inlassablement après des qualités qu'ils pensent indispensables. C'est beaucoup trop d'énergie dépensée pour essayer d'être autre chose que soi. Lorsqu'ils découvrent leurs super-pouvoirs, ils sont

Je n'étais pas pire qu'une autre, pas mieux non plus, mais imparfaitement unique en mon genre.

d'abord surpris, mais concèdent assez vite un « C'est bien moi, finalement ». C'est une première étape, qui consiste à accepter d'être vraiment soi et non l'ersatz d'un autre. Il reste ensuite à trouver comment utiliser ces pouvoirs au quotidien. Dernièrement, une patiente m'a dit : « Qu'est-ce que je vais faire avec le pardon en n° 1 de mes forces de caractère ? Mon fils et mon mari m'ont dit que c'était naze ! » Oups. On ne dira jamais assez l'importance de se réconcilier avec ses forces pour s'en faire des alliées et les mettre en œuvre.

« J'ai donc étudié sept ans en fac de droit pour devenir notaire. Ma carrière semblait toute tracée. Jusqu'au jour où j'ai compris que je faisais fausse route et entamé ma reconversion professionnelle dans la psychologie et l'accompagnement. Cinq ans plus tard, lors d'un parcours de *personal branding*, j'ai découvert mes forces de caractère. Avec, au *top five* de ma liste, la reconnaissance de la beauté, la créativité, la gratitude, l'humour et… l'amour ! Des forces très utiles pour être psy, mais pas forcément les plus indispensables pour le métier de notaire, qui mobilise plutôt la maîtrise de soi et l'autorégulation, l'assiduité, l'application et la persévérance, la rigueur, la précaution, la prudence, la discrétion et le leadership, autant de qualités qui se retrouvent à la queue dans mes forces de caractère. Rétrospectivement, j'aurais bien aimé avoir su cela avant de m'engager dans de si longues études.

Depuis, j'utilise les forces de caractère avec tous mes patients, petits et grands. Et surtout pour toutes les questions d'orientation, aussi bien avec des adultes en souffrance au travail, et/ou en reconversion, qu'avec des adolescents indécis sur leur orientation et sur lesquels pèse une grosse pression. Le travail sur les forces leur permet d'être beaucoup plus confiants et de faire leur choix en connaissance de cause. Par ailleurs, le test permet également d'expliquer aux ados et à leurs parents pourquoi certains ne rentrent pas dans le moule. Eh oui, le système éducatif français valorise seulement quelques-unes de ces forces et en a fait la norme : maîtrise de soi et autorégulation ; précaution, prudence et discrétion ; assiduité, application et persévérance ; amour de l'étude, de l'apprentissage. Seulement quatre forces sur vingt-quatre. Ce qui ne concerne forcément qu'une minorité de jeunes, qui feront pour le coup de très bons notaires ou experts comptables, professions géniales à condition qu'elles soient en adéquation avec nos forces principales.

Le travail sur les forces permet d'être beaucoup plus confiant et de faire ses choix en connaissance de cause.

« Jeune quadra et furieusement sexy, Taïg Khris a été trois fois champion du monde de roller sur rampe et reste le sportif le plus titré du monde en sports extrêmes. Mais il est aussi entrepreneur dans la grande distribution et les télécoms. Taïg n'est pas allé à l'école. Ses parents, itinérants, ne l'y ont pas envoyé.

L'un de ses défis les plus fous a été de sauter, en roller, du premier étage de la tour Eiffel. Il s'est aussi envolé du parvis de la basilique du Sacré-Cœur, à Paris, à 52 km/h, toujours en roller, pour atterrir 29 m plus loin, sain et sauf. Records du monde et enthousiasme des foules dans les deux cas.
Je l'ai rencontré à Bordeaux. Il venait raconter sa détermination et sa passion à des chefs d'entreprise en quête d'inspiration et d'ouverture. Quelques minutes après lui, j'avais la charge de les ramener sur terre pour que chacun de nous, commun mortel, puisse faire un parallèle entre sa vie et celle de Taïg. Car au-delà des sauts et prouesses physiques, tous les événements de sa vie sont nés de son

imagination XL et ont existé grâce à son inlassable travail et sa volonté en béton armé.

En l'écoutant parler, j'ai activé mon détecteur de forces, radar que je branche quand je rencontre des gens pour la première fois, afin de comprendre comment ils fonctionnent. Et j'y ai trouvé :

☆ du courage : physique et moral, bien sûr ;
☆ de la persévérance : il a fait 500 sauts d'essai avant de se jeter de 30 m de haut ;
☆ de la précaution : paradoxalement, il prévoit tout au millimètre près avant de se lancer ;
☆ de la créativité : qui provoque ses inhabituelles idées et les ressorts indispensables pour les réaliser ;
☆ de la citoyenneté : il accepte les embûches légales avec grâce en réorientant son ambition autant qu'il le faut, pour ne pas enfreindre les lois ni attiser les inquiétudes de son entourage.

Ces particularités font partie de la liste des 24 forces qu'il convoque toujours et encore. Il reste le même en toute situation. Exactement comme nous. Mais si nous avions le même trousseau de clés que lui, nous en ferions probablement autre chose.

Identifier nos forces de caractère est un premier pas vers la possibilité de se reconnaître comme unique. Ce soir-là dans la salle, il y avait des chocolatiers, des pharmaciens, des comédiens, des routiers, des assureurs, des coiffeurs, etc. Tous n'auraient pas aimé faire du roller. Moi non plus, d'ailleurs. Mais nous avons compris, grâce au témoignage hors norme de Taïg, que nous aussi étions forts de nos particularités. C'est ce qu'on appelle trouver son truc.

LES EXERCICES

1. identifier son trousseau de clés
2. un moment de grandeur
3. scanner sa journéer

1. identifer son trousseau de clés

MATÉRIEL NÉCESSAIRE : accès au site internet www.viame.org

DURÉE : 20 minutes

OBJECTIF : découvrir le classement de ses 24 forces de caractère telles qu'elles sont définies par Martin Seligman et Chris Peterson

Se connecter sur le site www.viame.org. La page d'accueil est en anglais. Cliquer sur le bouton « Take the FREE VIA Survey ». Dès la deuxième page, un menu permet de choisir la langue dans laquelle seront affichées les questions et les réponses.

Les questions se présentent sous forme d'affirmations dont nous devons dire ce qu'elles sont pour nous, de « tout à fait comme nous » à « pas du tout comme nous ». Au centre des choix, on nous propose une case « neutre ». Essayez de l'éviter, les résultats vous ressembleront davantage.

Une fois le test complété, passez à l'interprétation des résultats : demandez-vous en quoi les cinq premières forces de votre liste vous ressemblent. Notez les situations ou circonstances où vous avez pu les observer en action.

Surtout, rappelez-vous de cette liste de qualités, car c'est votre trousseau de clés.

2. Un moment de grandeur

MATÉRIEL NÉCESSAIRE : 1 feuille de papier et 1 stylo ou 1 ordinateur
DURÉE : 20 minutes
OBJECTIF : retrouver ses qualités à partir d'expériences réelles

Nous avons tous connu des moments dont nous avons été particulièrement contents. Des instants qui se sont passés mieux que d'habitude. Bien mieux que d'habitude, même. Décrivez l'une de ces expériences. Soyez descriptifs et concrets.

☆ Que s'est-il passé ?
☆ Comment ?
☆ Qu'avez-vous mis en jeu ?
☆ Qu'avez-vous aimé faire ?
☆ Qu'avez-vous ressenti ?
☆ Pourquoi en étiez-vous aussi heureux ?
☆ En quoi cela a-t-il été si réussi ou utile ?
☆ Quel a été votre rôle ?

Une fois que vous avez répondu à toutes ces questions, relisez votre récit et vos réponses, et soulignez les circonstances qui démontrent l'utilisation de vos forces de caractère ou de vos qualités. Écrivez vos qualités dans la marge lorsqu'elles apparaissent.

3. Scanner sa journée

MATÉRIEL NÉCESSAIRE : une alarme ou un réveil + un carnet
DURÉE : une journée
OBJECTIF : appliquer les méthodes de recherche en psychologie positive pour évaluer ses qualités

Choisissez une journée tout à fait banale. Programmez un réveil ou un minuteur, pour qu'ils sonnent soit toutes les 30 minutes, soit à intervalles irréguliers au cours de la journée. Un Smartphone peut être tout à fait adapté pour cet exercice.

Promenez-vous ce jour-là avec la liste des 24 forces de caractère de Seligman et Peterson dans la poche. À chaque fois que vous entendez la sonnerie, arrêtez-vous et identifiez de quelle force vous étiez en train de vous servir. Notez-la.

À la fin de la journée, comptez les points pour trouver vos forces dominantes. Et demandez-vous en quoi ces qualités vous ressemblent vraiment. Prenez-en aussi note.

Les ressources :
applis, sites, livres, formations, etc.

- *L'inventaire des forces de caractère* : pour connaître le classement de vos 24 forces. www.viame.org
- *Power Patate : vous avez des super-pouvoirs,* **Florence Servan-Schreiber**, Marabout Poche.

Et pour les pros...

- *Le kit d'animation de l'atelier « Les forces de caractère »* : à l'attention des coachs, formateurs, facilitateurs, sophrologues, etc. pour apprendre à leurs participants, clients ou patients à déceler à se servir de leurs forces de caractère. Créé par **Ilona Boniwell**, professeure de psychologie positive à l'université de Cambridge. www.3kifsacademie.com

En résumé

1. Un super-pouvoir est banal, mais personnel. C'est ce qui le rend super.

2. On ne choisit pas ses qualités, mais on choisit de les déployer.

3. Quand on rencontre une difficulté sur un projet ou dans un domaine de sa vie, servons-nous en priorité de nos qualités pour la résoudre.

4. Il y a autant de façon d'arriver à destination que d'individus dans le monde.

5. Cessez de vous comparer, vous êtes très bien comme vous êtes.

S'AFFIRMER

S'AFFIRMER

ça s'apprend

S'affirmer est souvent difficile. Surtout si nous n'avons pas ou peu été autorisés à parler de nos sentiments ou de nos besoins, à donner notre avis. Souvent, nous nous retenons de dire le fond de nos pensées par peur de blesser les gens, de nous fâcher avec nos amis, de nous mettre en porte-à-faux avec nos collègues, par peur aussi d'être confrontés à la désapprobation de l'autre, à sa déception, voire à son rejet.

Mais s'affirmer, finalement, ça peut s'apprendre.
S'affirmer, c'est exprimer ses opinions, ses sentiments, ses besoins et ses limites. C'est exprimer ce que nous ressentons. C'est une attitude intérieure qui consiste à croire que nous avons une valeur et une voix à faire entendre.

S'affirmer, c'est oser dire ce qui est bon pour soi.
Et comme pour la gymnastique, c'est une compétence qui se pratique. Plus on apprend à s'affirmer sur des petites choses, à dire calmement « J'aurais adoré, mais ça ne va pas être possible » pour constater que notre interlocuteur, sans nous en vouloir, va chercher ailleurs la solution à son problème, plus on prend confiance en soi et on recommence la prochaine fois. Au fur et à mesure, on devient de plus en plus fort dans l'affirmation de soi, qu'on pratique sans heurt, calmement, sereinement.

Des valeurs sûres

Certaines situations nous poussent à être sur la défensive dans notre manière de communiquer avec les autres. Comme lorsqu'un commerçant grogne de prime abord lorsqu'on lui pose une question, alors qu'il finira par nous servir avec le sourire. Dans cette circonstance, il vit notre arrivée comme une interruption alors qu'il était, par exemple, en plein rangement, avant de réaliser que notre présence lui permet d'exercer son métier et de reprendre le fil d'une interaction paisible.

Car savoir s'affirmer consiste à aligner nos comportements avec nos valeurs. Lorsque nous nous en éloignons ou peinons à les exprimer, nous nous mettons sur la défensive.

VALEURS

Deux chercheuses de l'université du Michigan, Jennifer Crocker et Yu Niiya, ont demandé à des étudiants et des adultes, fumeurs, d'écrire pendant 10 minutes à propos de l'une de leurs valeurs (amitié, importance de leur relation avec leur famille, bien-être, authenticité, équité, coopération, vérité, clarté, etc.). La moitié du groupe devait décrire la valeur qui leur tenait le plus à cœur, l'autre celle qui revêtait le moins d'importance pour eux. À l'issue de cet exercice, chacun évaluait le niveau d'amour et d'ouverture qu'il ressentait. Puis les deux groupes étaient exposés à une

présentation sur les ravages du tabac. Seul le premier groupe se montrait alors capable d'accueillir des informations inquiétantes ou contrariantes sans se braquer. Des études similaires ont été effectuées dans des écoles en demandant ensuite aux enfants d'aller jouer dans la cour de récréation. De nouveau, avoir évoqué ce qui comptait profondément pour eux leur apportait ensuite plus d'assurance, d'ouverture, et diminuait leur agressivité.
Ce simple exercice permet de nous affirmer plus sereinement en renforçant notre confiance en nous dans les minutes qui suivent, même si la valeur décrite n'a rien à voir avec la situation qui nous attend. Pourquoi ? Parce qu'être au clair sur ses valeurs permet de mieux respecter son intégrité. Se rappeler ce qui compte vraiment pour soi nous aligne, nous rend plus confiants, convaincus et plus convaincants.

Mais qu'est-ce qu'une valeur ?
Une valeur est une idée qui guide le jugement moral des individus et des sociétés. Elle a une portée universelle : le don de soi, la tolérance, le respect et la loyauté sont des exemples de valeurs morales. Comme les super-pouvoirs (qui s'appuient sur nos valeurs), nous en avons tous un trousseau personnel.
Nos valeurs orientent nos priorités. Comme un diapason qui nous permet de dire si notre vie sonne juste et se déroule au plus près de ce qui est bon pour nous.
Lorsque nous sommes en adéquation avec elles, nous éprouvons le plus de satisfactions. Inversement, lorsque nos actes et nos relations ne leur correspondent pas, nous nous sentons désynchronisés et heurtés.

Activer son système de valeurs est un outil formidable pour gagner en respect et en affirmation de soi. C'est quelque chose que l'on peut pratiquer sur commande. Avant un rendez-vous difficile ou une conversation pendant laquelle nous ne souhaitons pas perdre nos moyens, on peut consacrer quelques instants à penser à quelqu'un ou à quelque chose qui a de la valeur pour nous et se demander pourquoi. En observant ce que l'on ressent et en notant les changements intérieurs que l'on éprouve. On se redresse intérieurement, car cet exercice active nos ressources intimes, nous aide à faire le tri et nous ouvre aux autres.

Déculpabiliser

Un autre obstacle courant à l'affirmation de soi est la culpabilité.

On est coupable lorsqu'on commet une faute ou une infraction. Mais la culpabilité est aussi le sentiment ressenti d'une faute, que celle-ci soit réelle ou imaginaire, ou encore lorsque nous anticipons les conséquences d'un acte à venir : si je n'apporte pas de goûter à mes enfants à la sortie de l'école, je suis coupable de ne pas remplir mon rôle de maman attentionnée.

La culpabilité a deux facettes : une positive et une autre négative. La culpabilité est saine et peut contribuer à nous changer en bien quand nous savons que nous avons bafoué nos valeurs et nos convictions. Quand nous nous énervons contre un proche, par exemple, et que nous prononçons des paroles blessantes, la culpabilité peut nous inciter à aller présenter nos excuses. Elle nous permet donc de nous améliorer humainement et de mieux veiller à nos futurs rapports avec les autres.

Mais nous pouvons aussi nous sentir coupables de fautes « fantômes », qui n'existent que dans notre esprit. Nous nous sentons ainsi toujours obligés de répondre oui quand on nous demande un service, parce que nous avons peur d'être moins aimés si nous refusons. Parfois même, nous acceptons l'inacceptable pour ne pas nous sentir coupables d'être nous-mêmes et de vivre notre vie. Pour fuir ce sentiment de culpabilité, nous épousons alors le désir des autres et renonçons à notre désir.

Or, nous ne sommes pas coupables de ne pas satisfaire les désirs que les autres projettent sur nous !

Julie Hall, du Rochester Medical Center, et Frank Fincham, de la Florida State University proposent deux remèdes à la culpabilité : l'autopardon et l'autocompassion. Pratiquer l'une ou l'autre, voire les deux, augmente l'estime de soi et notre score de satisfaction, en diminuant le sentiment d'être redevable qui nous encombre. Dans les deux cas, il s'agit de se parler à soi comme si nous nous adressions à un ami pour lui accorder pardon, tendresse et compassion. Car lorsque nous nous trouvons en difficulté, il est très courant de se le reprocher et d'ajouter de l'auto-accusation à la douleur que nous éprouvons déjà, sur le mode : « Qu'est-ce qui t'a pris de te mettre dans une telle situation ? »

L'étude de Julie Hall et Frank Fincham a montré par ailleurs que l'autopardon et l'auto-compassion sont un rempart à la culpabilité auto-fabriquée.

Se libérer de la peur d'être jugé

Mais il est illusoire de croire que nous pouvons nous détacher totalement de ce que les autres pensent de nous. Car nous avons été conditionnés à nous évaluer à l'aune de leur regard, à commencer par celui de nos proches.

Pour lutter contre cette tendance naturelle, la première chose à faire est d'arrêter de juger les autres. Plus nous nous entraînons à être indulgent, tolérant, à comprendre les causes d'un comportement ou d'une attitude, plus nous nous libérons de la peur d'être critiqué. C'est une question d'effet miroir. Si je pense que le système fonctionne sur la base de la critique généralisée, j'y participe et je redoute la réciproque. Au contraire, si je cherche à comprendre l'autre avant de le juger, je m'inscris dans une dynamique positive. En anglais, il y a une expression qui dit : « Walk in my shoes » (« Marche dans mes chaussures »). Comme une invitation, pour connaître vraiment une personne, à comprendre son histoire et les causes qui la poussent à agir de telle ou telle façon. En réalité, nous ne savons jamais contre quoi les autres réagissent quand ils adoptent tel ou tel comportement.

Sharon Salzberg, complice du Dalaï Lama et professeure de méditation de la bienveillance en Occident, le rappelle souvent dans son enseignement : « On ne sait jamais contre quoi quelqu'un se bat. » Croiser des gens et interagir avec eux au quotidien ne nous révèle ni leur histoire, ni leur lecture des événements.

faire ce qui est bon pour soi

Pour oser dire ce qui est bon pour soi, encore faut-il être capable d'écouter ses besoins et de les décrypter.

Pas facile de se « brancher » sur ce que l'on ressent profondément. Mon envie est-elle bien la mienne ? Mon désir n'est-il pas celui de mes parents, de mon conjoint, de mes enfants ? La tête parle, analyse, découpe, décortique et rationalise à outrance, récupère ce qu'elle a entendu. Surtout si l'on vous inonde de conseils avisés et bienveillants. Mais à y regarder de plus près, vous seul êtes à même de savoir ce qui est réellement bon pour vous en vous branchant sur ce qui se passe au plus profond de vous. C'est ce que certains appellent l'instinct et que nous qualifions plutôt de ressenti interne.

Vous avez sans doute déjà fait l'expérience d'un moment où tout allait pour le mieux et où, tout à coup, une sensation de malaise s'est installée en vous. Une boule à l'estomac, un sentiment d'étouffement ou une envie de fuir. On nous a appris à ne pas prêter attention à ces petits signes : « Tiens, j'ai mal à l'estomac, j'ai dû manger quelque chose qui ne m'a pas réussi. » Mais à bien y regarder, le poids sur l'estomac correspond peut-être à une perfidie enveloppée de miel que vous venez d'essuyer. Votre tête ne sait pas toujours déceler le sens de certaines situations, paroles ou gestes, mais votre corps sait très bien capter ces signaux. Votre intuition fonctionne mieux que vous ne l'imaginez si vous acceptez de ne pas courir trop vite vers une interprétation trop rationnelle trop rapidement.

La communication non violente : s'affirmer sans s'énerver

Initiée par le psychologue Marshall Rosenberg, la communication non violente (CNV) est un processus pragmatique et efficace, qui permet d'échanger de manière respectueuse pour les deux parties. Un outil idéal pour s'affirmer sans blâmer l'autre.

Elle repose sur quatre principes :
☆ décrire les faits, ce que j'observe, sans porter de jugement ;
☆ exprimer les sentiments que je ressens dans telle situation ;
☆ exprimer les besoins qui génèrent ces sentiments ;
☆ faire des demandes claires, simples et réalisables.

En soulignant combien il était important de pouvoir exprimer un besoin irréfutable, Marshall Rosenberg nous a rendu un grand service. Quand nous nous emportons, les raisons peuvent être multiples : absence de repos, de compréhension, d'information, de reconnaissance, de liens, de cohérence, d'attention ou de considération surgissent souvent dans les conflits. En exprimant ces raisons, donc nos besoins, on n'est plus dans la critique de l'autre et on court moins le risque de se livrer à des remarques désobligeantes.

Rosenberg rappelle aussi que plus nous nous mettons à la place de l'autre, moins nous avons tendance à le critiquer. Au lieu de surgir dans la chambre de votre ado en lui disant : « Viens immédiatement ranger la cuisine que tu as laissée en désordre, comme d'habitude (critique) », une approche par la communication non violente donnerait ceci : « Quand tu laisses ta vaisselle sale sur la table au lieu de la mettre dans le lave-vaisselle (description des faits), je suis de mauvaise humeur (expression des sentiments), car j'ai besoin de plus d'ordre dans les pièces que nous partageons (expression du besoin). Pourrais-tu, s'il te plaît, mettre ton assiette dans le lave-vaisselle (demande claire) ? »

Cela vous fait sourire ? Pourtant, ponctuer nos interactions d'une intention CNV est un pas responsable vers une communication plus fluide, qui permet d'affirmer ses besoins tout en respectant l'autre. Nous décuplons ainsi les chances d'être compris et d'emporter l'adhésion ou, au moins, le soutien de notre interlocuteur.

Enfin, mieux connaître nos besoins nous permet aussi de comprendre pourquoi nous avons craqué. Et de mieux nous en souvenir quand un nouveau conflit pointera son nez.

« Chez nous, dire « je t'aime » était une façon de ponctuer les phrases. Cela fait de moi quelqu'un de très à l'aise avec les autres... quand tout se passe bien. Car dans le même temps, mon père, pourtant très drôle et aimant, ne supportait pas d'être contredit. On finissait toujours par se sentir coupable quand on n'allait pas dans son sens. D'un seul regard, il pouvait m'enlever tout le plaisir de porter un nouveau vêtement si je voyais qu'il ne lui plaisait pas.
J'ai ainsi été éduquée à ne pas faire de peine, à faire plaisir, à être gentille, serviable. Et c'est vrai que j'aime faire plaisir, que je veille à ne pas blesser les autres et que j'essaye d'aider le plus possible. Cela me procure beaucoup de joie et facilite les relations. Mais derrière ce tableau assez chouette se cache l'ombre de la culpabilité et du chantage affectif. J'étais une petite fille très polie, très souriante et très... frustrée. Mes parents m'ont toujours appris à remercier quand je recevais un cadeau, même si je ne l'aimais pas, et à ne surtout pas dire que je l'avais déjà pour ne pas vexer la personne qui me l'offrait.
Pendant très longtemps, j'ai tremblé à l'idée d'exprimer ce que je pensais si ce que j'avais à dire risquait de déplaire à mon interlocuteur. Dire non m'était également impossible.

C'est ainsi que j'ai continué ma collection de cadeaux qui ne me plaisaient pas, que j'ai fait le taxi pour les copains de classe de mes enfants, accepté des dîners chez des gens avec qui je n'avais pas particulièrement d'affinités où je m'ennuyais profondément, parce que la maîtresse de maison était une chic femme que je ne voulais pas peiner. Bref, j'ai été un bon petit soldat qui ne faisait pas de vagues.

Longtemps, j'ai tremblé à l'idée de dire ce que je pensais si cela risquait de déplaire à mon interlocuteur. Dire non m'était également impossible.

Jusqu'au jour où mon corps m'a lâchée. J'ai bien compris le message. Petit à petit, j'ai appris à dire non, à exprimer et assumer mes vrais désirs et à me détacher du jugement des autres. Cela fait plusieurs années que je m'entraîne et ça va de mieux en mieux. Aujourd'hui, je continue d'être polie et même arrangeante, mais j'essaye de fixer des limites. Il me reste cependant une marge de progression. Par exemple, j'ai encore du mal à dire les choses en face sur des sujets qui pourraient fâcher. Je préfère m'exprimer par écrit. Mes progrès me donnent une confiance en moi que je n'aurais pas soupçonnée. Ce qui m'aide le plus est de faire confiance à mon corps, qui m'alerte quand je ne me respecte pas : fatigue, extinction de voix, cervicales coincées, compulsions alimentaires. Ces symptômes me rappellent que j'accepte une situation ou une relation dans laquelle je me sens coincée ou que je n'arrive pas à exprimer quelque chose d'important pour moi.

« J'ai appris à m'affirmer par à-coups. Longtemps silencieuse, faisant passer les désirs des autres avant les miens, je ne pouvais m'affirmer que lorsque je me sentais en danger.

À vingt ans, alors que j'effectuais un stage au service relations publiques d'une grande marque de champagne, une expérience m'a révélé une force insoupçonnée dans ma capacité de m'affirmer. La responsable, qui me semblait furieuse et frustrée pour une raison qui me reste encore inconnue à ce jour, me « sauta » dessus un matin. J'étais sa proie du jour.

Même si je trouvais l'attaque injustifiée, j'ai répondu d'une manière contenue et polie à ses demandes impatientes, sans rien laisser paraître de ma peur et de mon agacement – pourtant, à l'intérieur, tout mon corps se transformait en centrale atomique en surchauffe. La tension est encore montée d'un cran quand mon interlocutrice m'a lancé : « Si vous n'êtes pas contente, vous n'avez qu'à partir. » Puis elle a continué : « Si quelque chose ne va pas, vous n'avez qu'à le dire ! » Je me suis alors entendue répondre, d'une voix claire et contenue : « Oui, votre petit air condescendant m'indispose. » Je restais stoïque et sous contrôle, mais mon intérieur était aussi agité qu'une tempête en pleine mer. À ma grande surprise, ma réponse simple mais on ne peut plus explicite l'a clouée sur place. J'ai ajouté : « Je suis très bien ici, je m'entends bien avec tout le monde et je pense que les autres m'apprécient également. » Ce qui l'a laissée sans voix. Furieuse, elle est sortie du bureau en claquant la porte. Ravie d'avoir tenu bon, j'étais pourtant persuadée que mon avenir de stagiaire venait de prendre fin. Le soir même, quand la responsable m'a demandé de la rejoindre dans son bureau, je savais à quoi m'en tenir. Mais elle m'a dit : « Ma secrétaire part à la fin du mois et j'aimerais que vous organisiez son pot de départ. » J'ai pensé avoir mal entendu et me suis retournée pour vérifier qu'elle ne s'adressait pas à quelqu'un d'autre. Mais c'était bien à moi qu'elle exprimait cette demande. À la fin de mon stage, elle m'a proposé de devenir son assistante, offre que j'ai déclinée poliment.

Cette expérience est restée à jamais gravée dans ma mémoire. Je m'y suis replongée chaque fois que je ne parvenais pas à exprimer ce qui est bon pour moi. Comme un mantra : « Tu l'as déjà fait, tu peux le refaire. »

Aujourd'hui, je sais mieux me connecter à ce que me dit mon corps. Je n'attends plus d'être en mode survie pour affirmer ce que j'ai besoin d'exprimer, sans me sentir retenue par cette peur de ne pas être aimé qui nous conduit si souvent à nous taire. L'expérience m'a aussi montré que formuler mes besoins et mes ressentis me demandait beaucoup moins d'énergie que ruminer en silence. Autant que possible, je m'applique donc une politique de « développement durable » de l'affirmation de soi.

« J'ai eu l'occasion de participer à un séminaire de CNV animé par l'immense Thomas d'Ansembourg. Je dis « immense », car c'est l'homme qui s'exprime de la façon la plus authentique que je connaisse. Il parle le Thomas, un savant mélange de savoir-vivre et de non-violence. Alors que nous dînions côte à côte, il m'a proposé : « Florence, serais-tu d'accord pour que je te serve du vin ? » Imaginez ma réponse.

Au cours de l'après-midi, il demande un volontaire pour exposer une situation conflictuelle réelle. Je lève la main et, avec un petit fond de provocation, je lance : « Mon mari ronfle et ça m'empêche de dormir. » Je pense en effet qu'il s'agit d'une circonstance irréfutable à laquelle personne ne peut rien changer et que je n'ai d'autre issue que de m'en plaindre et de me plaindre. Thomas me questionne habilement :

— Ton mari ronfle ?
— Oui.
— Comment s'appelle-t-il ?

— Alex.
— Que ressens-tu lorsqu'il ronfle ?
— De l'irritation et de l'agacement. Je trouve ça injuste, lorsque je le vois dormir profondément. J'ai juste envie de le réveiller ou de lui siffler dans les oreilles.
— Et tu n'arrives pas à dormir ?
La colère monte en moi.
— Bien sûr que non, comment veux-tu que je dorme dans ces conditions ! Ça tombe toujours sur les mêmes, j'aimerais bien ronfler pour qu'il se rende compte de ce que ça fait. Le matin, je suis fatiguée.
— Vous vous entendez bien ?
— Ça va.
— Comment ça, ça va ?
— On ne se voit pas beaucoup, en ce moment. Il est très occupé.
— Il n'est pas souvent à la maison ?
— Non, et c'est moi qui fais tout, je gère les enfants, et tout le reste.
— Trouves-tu qu'il devrait en faire plus ?
— Évidemment !
— Le lui as-tu dit ?
— Probablement assez maladroitement.
— A-t-il changé quelque chose à son comportement ?
— Pas que je sache.
— Et que ressens-tu ?
— Un déséquilibre. Je me sens en lutte contre lui.
— De quoi aurais-tu besoin ?
— De paix. D'être en paix avec lui.
Thomas a marqué une pause, puis :
— Et là, comment te sens-tu ?

Ma poitrine venait de s'ouvrir d'un coup : je respirais. Étrangement, je ressentais beaucoup de tendresse pour Alex. J'avais réalisé à quel point j'avais juste envie qu'il me prenne dans ses bras. Que nous soyons complices dans ce moment de débordement professionnel pour lui. Que lui aussi devait souffrir de tant de travail. Que notre lit ne pouvait pas être un champ de bataille, mais tout le contraire. J'avais subitement hâte de l'y retrouver pour enfin nous y reposer.

Ce soir-là, je suis rentrée et j'ai dit à Alex que ce qui comptait le plus pour moi était de me sentir en paix avec lui. Que notre comptabilité du qui fait quoi ne m'intéressait pas. Je lui ai demandé s'il serait d'accord pour que nous établissions plus d'équilibre dans les tâches diverses. En retour, il m'a servi un verre de vin et ce soir-là je ne l'ai pas entendu ronfler.

Depuis, lorsque ses grondements nocturnes m'importunent, je scanne rapidement l'ambiance générale du moment entre nous, pour comprendre en fait ce qui me dérange réellement. Quel besoin, chez moi, appelle à être reconnu.

Les bénéfices
de l'affirmation de soi

- Gagner en confiance et en estime de soi.
- Faire face à des conversations difficiles.
- Prendre soin de sa santé.
- Mieux communiquer avec son entourage.
- Avoir des relations authentiques.

LES EXERCICES

1. Power notes
2. Power posing (la posture des super-héros)
3. Jeu d'rôle
4. Stop au jugement
5. La lettre de licenciement

1. Power notes

MATÉRIEL NÉCESSAIRE : un post-it, une carte, un mail, un sms
DURÉE : 5 minutes
OBJECTIF : envoyer les bons messages au cerveau

Phrases à écrire et à coller sur le miroir de votre salle de bains ou sur votre ordinateur :

« Je suis convaincu, donc je suis convaincant. »
« Ceux qui m'aiment me soutiennent dans mes choix et même dans mes erreurs. »
« Faire de mon mieux est le mieux que je puisse faire. »
« Aujourd'hui est une nouvelle journée et je suis une nouvelle personne. »
« Je mérite le meilleur et je m'en réjouis. »
« Mon monde est tel qu'il doit être et je l'aime tel qu'il est. »
« Je me réjouis du succès de ceux qui m'entourent comme je me réjouis du mien. »
« Mon passé m'a permis d'être qui je suis et je l'en remercie. »
« Je gagne bien ma vie, mon travail me plaît et c'est tant mieux. »
« Plus je ressens d'amour, plus je peux en partager. »

Vous pouvez trouver d'autres phrases inspirantes et les coller un peu partout.

2. Power Posing (la posture des super-héros)

MATÉRIEL NÉCESSAIRE : un miroir (facultatif)
DURÉE : 2 minutes
OBJECTIF : accumuler de la confiance en soi

Cet exercice nous est proposé par Amy Cuddy, psychologue américaine et professeure à Harvard Business School. Elle a dévoilé lors d'une conférence TED[1] que notre posture a un impact significatif sur notre comportement social et sur la chimie de notre corps. Elle augmente notre production de testostérone et baisse celle du cortisol (l'hormone du stress). Certaines poses permettent en 2 minutes de réduire le stress, d'augmenter notre énergie et notre confiance en nous. Très utile quand nous avons besoin de nous affirmer, prendre la parole en public, réussir un entretien, demander une augmentation, négocier un contrat ou avoir une discussion à fort enjeu.

1. TED d'Amy Cuddy : https ://www.youtube.com/watch?v=Ks-_Mh1QhMc

Parmi les « power poses », nous retrouvons toutes les positions où nous occupons l'espace :

- ☆ les bras derrière la tête ;
- ☆ en position de Wonderwoman, les mains sur la taille ;
- ☆ les bras ouverts au-dessus de la tête ou sur les côtés.

À faire dès que l'on ressent le besoin de gagner en puissance. Tenir la pose pendant 2 minutes chrono.

3. Jeu d'rôle

MATÉRIEL NÉCESSAIRE : un carnet ou un ordinateur puis un ou plusieurs interlocuteurs bienveillants
DURÉE : 15 minutes
OBJECTIF : s'entraîner à s'affirmer

Pour commencer, lister des situations où :
- ☆ Vous n'avez pas exprimé vos vrais sentiments.
- ☆ Vous avez fait des compromis à contrecœur.
- ☆ Vous avez accepté l'inacceptable pour vous a posteriori.
- ☆ Votre corps vous a donné un message qu'une situation n'était pas bonne pour vous.

Une fois que vous avez identifié des situations amicales, professionnelles ou familiales qui vous ont posé problème, imaginez-les cette fois en vous affirmant, version « pétage de plombs ». C'est un jeu. Cela permet de mettre les tensions à distance. Et surtout vous savez que c'est un comportement que vous ne reproduirez pas en réalité. Il n'y a donc aucun risque à courir.
Notez ensuite ce que vous pourriez dire la prochaine fois pour affirmer votre désir et faire respecter vos besoins, en version audible par tous.
Vous pouvez ensuite vous entraîner avec des personnes bienveillantes qui joueront le rôle de la personne avec laquelle vous avez besoin de vous affirmer.

4. Stop au jugement

MATÉRIEL NÉCESSAIRE : un carnet ou un ordinateur
DURÉE : 10 minutes
OBJECTIF : prendre conscience de ce qui nous fait juger les autres

Dressez la liste des situations dans lesquelles vous portez des jugements sur certaines personnes.
Repensez alors votre point de vue en le plaçant sous l'angle de la compréhension. Inspirez-vous des exemples du tableau qui suit pour effectuer cet exercice.

Situations	Si je juge	Si je comprends
Une mère s'énerve contre son enfant à la caisse du supermarché.	Elle est folle, elle ne sait pas se contenir. Pauvre gosse !	Il a dû la pousser à bout, elle a l'air de ne plus en pouvoir. Elle doit être bien fatiguée.
Vous entrez dans le bureau d'un collègue qui joue à Candy Crush.	Il ne se fatigue pas beaucoup, celui-là !	Tiens, il joue à Candy Crush. Il a sans doute besoin d'un break. C'est vrai qu'on est sous pression en ce moment. Je vais voir s'il a besoin d'aide.

Situations	Si je juge	Si je comprends

À vous de jouer !

Et si vous pensiez à appliquer ce principe à la personne avec laquelle vous passez le plus de temps, c'est-à-dire vous-même ?

Nous avons tous plus de facilité à comprendre les autres. Mais il est temps congédier la petite voix toujours critique qui examine chacun de vos faits et gestes qui a pris possession de votre intérieur depuis longtemps et qui organise son travail de sape.

5. La lettre de licenciement

MATÉRIEL NÉCESSAIRE : une feuille et un briquet ou un bol d'eau
DURÉE : 45 minutes
OBJECTIF : se libérer de la mauvaise culpabilité

Listez toutes les situations pour lesquelles vous vous sentez coupable et répartissez-les dans les colonnes adéquates : « Coupable » « Pas coupable ».
Pour les situations de la colonne « Coupable », imaginez la solution, souvent d'une simplicité extrême, pour réparer votre erreur et mettez-la en œuvre.
Pour les situations de la colonne « Pas coupable », nous vous invitons à écrire une lettre de licenciement à votre culpabilité.

La culpabilité est inhérente à tout choix. Il est souvent difficile de s'autoriser à faire, être, penser et dire ce qui nous semble bon pour nous sans blesser les autres. Cependant, il est essentiel de pouvoir faire la différence entre une culpabilité stérile et une responsabilité constructive. Dans le premier cas, ma culpabilité me ronge. Je vais m'abîmer et risque d'abîmer les autres. Dans le second cas, je prends la responsabilité de mes choix et j'agis en conséquence.

Trame de la lettre

Chère culpabilité,

- ☆ Vous énoncez la situation de départ (« J'ai décidé de quitter mon poste de DRH d'un grand groupe pour devenir fleuriste. »).
- ☆ Vous exposez les conséquences (« Mon mari et mes enfants me font la tête, nous n'allons pas partir en vacances pendant quelque temps. »).
- ☆ Vous exprimez votre ressenti coupable (« Je culpabilise et les remarques de mon entourage entretiennent ma culpabilité. »).
- ☆ Vous prenez vos responsabilités (« Chère culpabilité, **je te signifie aujourd'hui ton licenciement sans indemnités**. En effet, je suis responsable de ce choix qui donne du sens à ma vie. »).
- ☆ Vous tirez les bénéfices pour vous et pour les autres (« Je me sens vivante dans cette activité. Je passe plus de temps avec ma famille qu'avant. Je me sens moins stressée et plus présente. »).

Une fois que vous avez écrit votre lettre, vous pouvez soit la brûler et regarder votre culpabilité partir en fumée, soit l'immerger dans un bol d'eau et l'encre se diluer.

Chère Culpabilité,

Notre histoire s'arrête là

Bisous xxx

Les ressources :
applis, sites, livres, formations, etc.

- *Évaluer son auto-compassion* : www.psychomedia.qc.ca/tests/echelle-de-compassion-envers-soi-meme
- *Je dis enfin stop à la pression : cinq étapes pour se libérer*, **Audrey Akoun et Isabelle Pailleau**, Eyrolles.
- *Les mots sont des fenêtres (ou bien ce sont des murs). Initiation à la communication non-violente*, **Marshall Rosenberg**, La Découverte.
- *Montrez-leur qui vous êtes*, **Amy Cuddy**, Marabout.
- *La communication non violente* : informations et formations. cnv.org
- *Parents toxiques*, **Susan Forward**, Marabout Poche. Pour se libérer des relations toxiques
- *Les manipulateurs sont parmi nous*, **Isabelle Nazare-Aga**, , Éditions de l'Homme. Pour apprendre à contre manipuler les manipulateurs (ça peut toujours servir).
- *Le Prénom*, 2012. Un film d'Alexandre de la Patellière et de Matthieu Delaporte. Pour rire, se détendre et comprendre l'effet cocotte-minute.
- *Yes Man*, 2008. Un film de Peyton Reed. Pour apprendre à doser son affirmation de soi.

En résumé

1. S'affirmer est difficile mais peut s'apprendre.
2. S'affirmer consiste à dire et faire ce qui est bon pour soi.
3. Il est important de se libérer de la culpabilité stérile.
4. Apprendre à dire « non » permet de fixer des limites.
5. Exprimer ses besoins sereinement sans blâmer l'autre est le meilleur moyen de s'affirmer.

Être imparfait

ÊTRE IMPARFAIT

Tordre le cou au perfectionnisme

Perfectionnisme et bonheur font rarement bon ménage. Parce que le perfectionnisme exige beaucoup d'énergie et engendre de grosses tensions. Les perfectionnistes courent après un idéal de vie et d'être – parfois au prix de leur santé physique et mentale – qu'ils n'atteignent jamais tant leur niveau d'exigence est élevé. Et comme ils estiment leur valeur à l'aune de cet idéal, ils ont généralement une faible estime d'eux-mêmes.

Faute de s'accorder le droit à l'erreur, les perfectionnistes développent une peur de l'échec. Ils se fixent des objectifs irréalistes qui les poussent à ignorer les contraintes et la réalité. Leur première erreur est de croire que tout dépend d'eux et de leur capacité à « réussir » tout de suite. Ce qui les pousse à se montrer intolérants envers eux-mêmes et envers les autres. Cette course effrénée se révèle épuisante et terriblement frustrante.

un conditionnement qui remonte à l'enfance...

Nous sommes pourtant nombreux à nous laisser emporter par ce perfectionnisme qui nous empêche de nous épanouir harmonieusement. Il faut dire que cette recherche de l'excellence est bien ancrée en nous, et depuis longtemps.

Elle s'est souvent installée dès l'enfance. Peut-être nos parents voulaient-ils réparer leur propre histoire en souhaitant de tout leur cœur que leurs enfants réussissent ? Pour d'autres, cela peut être une simple question d'ego : un enfant brillant est très valorisant pour les parents.
À l'exigence parentale s'ajoutent les comparaisons incessantes avec les cousins, les frères et sœurs, les copains d'école ou les enfants des voisins. Et l'on a fini par croire que pour être accepté, aimé et reconnu, nous devions être parfaits, garantis sans défaut. Et que notre valeur dépendait de notre réussite.

...et que la société encourage

L'éducation n'est pas la seule en cause dans notre recherche de perfection. La société nous renvoie des modèles de réussite idéalisés auxquels nous cherchons à nous conformer pour ne pas nous marginaliser. Or, ces attentes sociétales sont très pesantes. Sous couvert de nous aider à trouver le bonheur, on nous assène quotidiennement des injonctions de performance : esthétique parfaite, réussite professionnelle, succès social, vacances de rêves, famille parfaite avec des enfants sages et brillants, dîners de famille sans conflits, etc.

Cette injonction de perfection s'infiltre dans tous les domaines de notre vie : rencontres amoureuses, réussite professionnelle, sexualité, parentalité, etc. Et les réseaux sociaux l'ont encore renforcée, puisqu'ils sont devenus le miroir de nos journées extraordinaires, de nos opinions, de nos valeurs. Désormais, notre vie se voit, s'entend, s'étale, se répand sur le Web, nous incitant encore plus à toujours nous comparer aux autres. Submergés par la peur de ne pas être « comme il faut », nous multiplions les exigences à notre encontre. Mais notre valeur dépend-elle vraiment du regard des autres ? Ne pouvons-nous pas gagner en bien-être et renoncer à afficher une image sans faille ?

Du perfectionnisme à l'optimalisme

Pour tordre le coup au perfectionnisme, tournons-nous vers ce que Tal Ben-Shahar, dans *L'Apprentissage de la perfection*, appelle l'« optimalisme », pour nous faire passer de « je dois faire toujours mieux » à « j'essaie de faire de mon mieux ».

Alors que le perfectionniste refuse l'échec, les émotions désagréables et les obstacles tout en rêvant d'une vie parfaite, l'optimaliste a compris que la vie est chaotique, parsemée de déconvenues et de rendez-vous manqués, d'erreurs et d'échecs. Il l'accepte en conscience et travaille à la recherche de son bonheur pour réaliser ses rêves dans ces circonstances. La vision optimaliste nous permet d'accepter d'être imparfaits. Il ne s'agit pas de se laisser aller ou de se résigner à une vie médiocre. Il s'agit de ne pas laisser nos envies de perfection nous déborder et dévorer notre énergie ou celle des autres. S'autoriser à être imparfait implique de trouver un juste milieu qui nous permet d'avoir une vie « suffisamment bonne », pour reprendre les mots de Donald Winnicott, sans nous faire de mal et en restant efficace. En somme, il s'agit d'accepter de devoir faire des choix et des compromis.

accepter l'échec comme la réussite

En pédagogie positive, l'apprentissage est un processus de développement où se succèdent essais et erreurs, déblocages et ajustements. La vie est elle-même un long apprentissage qui est tout sauf linéaire. Sortir du perfectionnisme, c'est s'autoriser à prendre du plaisir sur le chemin qui conduit d'une étape à l'autre, à se tromper sans renoncer. Une chose imparfaite accomplie sera toujours mieux qu'une chose parfaite qui reste à l'état de projet. La première a le mérite d'exister… et d'être perfectible !
Donc, soyez indulgent avec vous-même ! Autorisez-vous à prendre de nouveaux chemins, à vous tromper de route, à faire demi-tour.

Sortir du perfectionnisme, c'est aussi savoir savourer nos réussites, même les plus infimes, car elles font le lit des grands succès.

Le bonheur est dans les petits pas

En général, les perfectionnistes sont focalisés sur leur objectif, sans profiter du chemin qui y conduit, ni apprécier les efforts réalisés ou se satisfaire de ce qu'ils accomplissent. Mauvaise stratégie, qui conduit souvent à renoncer. Si je me trouve au pied d'une montagne de 1 000 mètres de haut et que je ne regarde que le sommet, je risque de trouver son ascension impossible et de renoncer. Mais si je décide de gravir d'abord 100 mètres, la tâche me paraîtra plus facile. J'aurai alors envie de me lancer et je mettrai toutes les chances de mon côté pour atteindre ce premier palier. Une fois franchie cette étape, je me sentirai satisfait et ma motivation s'en trouvera renforcée. Je pourrai repartir pour une nouvelle étape de 100 m, et ainsi de suite.

C'est ce que les Japonais appelle le *kaizen*, un processus d'« amélioration continue ». Cette approche trouve de nombreuses d'applications dans la vie personnelle ou professionnelle. Elle permet de faire baisser son niveau d'exigence à court terme, et facilite la mise en œuvre de projets complexes en diminuant les tensions qui peuvent en découler. Il me sera ainsi plus facile de perdre 1 + 1 + 1 + 1 + ... + 1 kg, jusqu'à 20 kg, et de me féliciter à chaque étape. Donc, pour commencer, il vaut mieux que je pense au chiffre 1 plutôt qu'au chiffre 20 !

Parents imparfaits, enfants rassurés

Si vous êtes perfectionniste, vous risquez de ne pas bien supporter les erreurs et les tâtonnements de vos enfants. Vous êtes sans doute vite agacé s'ils ne réussissent pas un exercice ou s'ils ne parviennent pas à lacer leurs chaussures en un temps record. Mais si vous les reprenez invariablement (pour les aider, pensez-vous) et portez un jugement négatif quand ils échouent, ils vont très vite perdre confiance en leur capacité à « bien faire » et auront du mal à retenter l'expérience, par peur d'échouer de nouveau, ou de se faire gronder ou critiquer.

Pour éviter ce type d'impasse, voici donc quelques conseils empruntés à la pédagogie positive.

☆ Lorsqu'un enfant fait une erreur, plutôt que de vous énerver, aidez-le par des questions à comprendre ce qui n'a pas marché : « Qu'est-ce qui s'est passé là ? Qu'est ce qui t'a manqué pour réussir comme tu l'aurais souhaité ? Que penses-tu que tu pourrais faire différemment la prochaine fois ? »

☆ Encouragez vos enfants à utiliser leurs erreurs comme un tremplin pour s'améliorer. Savoir qu'ils peuvent les corriger est un vrai cadeau que vous leur faites. C'est aussi une leçon constructive. L'apprentissage de la vie passe par l'essai, l'erreur et l'ajustement.

☆ L'exemple est toujours plus puissant que les discours. Lorsque les parents montrent qu'ils peuvent se tromper eux aussi et acceptent de revenir sur leur propres erreurs, l'enfant se sent alors autorisé à ne pas réussir du premier coup sans que ce soit la fin du monde. Il sera aussi plus volontaire pour tenter des choses nouvelles et se montrera plus persévérant dans les situations difficiles. C'est la base d'une bonne estime de soi et d'une bonne confiance en soi.

« À vingt-cinq ans, j'étais une vraie Wonder Woman. Puis un jour mon corps m'a lâchée. Une sacrée occasion pour tout remettre à plat et comprendre à quel point je voulais être parfaite dans tous les domaines. Et cela avait commencé très petite : j'ai parlé très tôt, appris à lire toute seule et longtemps été la première de la classe, sans faire trop d'efforts. À chaque succès, je pouvais voir la fierté de mes parents et l'admiration des autres adultes. De mon côté, je vivais dans la peur permanente de les décevoir.

Au lycée, pour la première fois, j'ai eu une note en dessous de la moyenne. En géométrie. Sonnée par cet échec, j'ai d'emblée renoncé à mes études de médecine, de peur d'échouer au concours. Je suis donc entrée dans l'âge adulte avec ce désir d'être tout le temps au top. Et j'ai continué à me surpasser dans tous les domaines, jusqu'au *burn-out*.

Le *burn-out*, c'est comme une maison toute pimpante mais brûlée à l'intérieur. Je n'arrivais pas à me lever, mon épuisement me faisait peur et je culpabilisais de ne pas pouvoir m'occuper de mes enfants. Plus encore, je m'en voulais de n'être plus qu'une loque humaine, incapable de les conduire à l'école. Quelle image je leur offrais !

Pendant les mois qui ont suivi, j'ai dormi, je suis retournée voir un psy, je me suis bichonnée, j'ai fait des choses qui me plaisaient, je suis partie marcher toute seule dans la montagne. J'ai respiré, je me suis posé les bonnes questions, je me suis acheté des baskets, j'ai arrêté les brushings, les verrines, les régimes. Je me suis moins occupée des mômes des autres et j'ai démissionné de l'association des parents d'élèves. Quand j'ai repris des forces, j'ai aligné ma famille au milieu du salon pour lui annoncer que je reprenais des études de psycho.

J'étais devenue imparfaite. C'est fou ce que ça fait du bien ! Et mes parents ne m'ont pas déshéritée. Certes, j'y ai perdu un mari et quelques amis. En gros, tous ceux qui étaient avec moi pour Wonder Woman. Mais ça a fait le ménage dans mon entourage.

Aujourd'hui, je continue à cultiver mes imperfections qui font que je suis unique et humaine. Et mes relations sont authentiques. Car être imparfait, avec nos cheveux frisés ou trop raides, nos aspérités et nos rugosités, nous rend plus accessibles et plus attachants. Et je veille désormais à faire taire toutes les petites voix dans ma tête qui me poussent parfois à en faire trop.

« C’est sans doute grâce à des personnes comme Mme Larue, ma maîtresse de CM1, que la pédagogie positive est née. Cette « charmante » institutrice classait ses élèves par rangée : forts, moyens et faibles. Le premier et le second de la classe trônaient en tête de la rangée des forts, les deux derniers à l’avant-dernière table de la rangée des faibles. Il restait donc une place vide pour le pire des pires. J’étais pour ma part assise à la dernière table de la rangée des forts. Je passais inaperçue.

Un jour, Mme Larue s’est mise à hurler sur le pire des pires qui avait osé commettre quarante fautes dans sa dictée. Inadmissible, inacceptable, impardonnable ! Je compatissais avec le malheureux qu’elle conspuait jusqu’au moment où j’ai réalisé que c’est sur moi que la foudre s’abattait ! Sommée de m’asseoir à la dernière place pendant que mes camarades étaient encouragés à me huer, j'étais étouffée par les sanglots. Et la maîtresse continuait de déverser toute son indignation sur moi, pendant des minutes qui m'ont semblé des heures. Puis elle m'ordonna d'aller montrer mon cahier à la maîtresse de CM2, réputée pour sa sévérité. En traversant la cour, j'étais certaine de vivre ma dernière heure. Mais la maîtresse de CM2 s'est contentée de me dire : « Eh bien, que s'est-il passé ? Tu feras plus attention la prochaine fois. Tu peux retourner dans ta classe. » Avait-elle eu pitié de mon visage dévasté ? Ou peut-être, connaissant la « bonté » de sa collègue, considérait-elle que j'avais eu mon compte ?

Jusque-là, j'allais à l'école avec une inquiétude diffuse. Après cet épisode, je m'y rendais la peur au ventre. J'ai alors entamé mon « ère de la perfection ». Je ne pouvais plus rien entreprendre sans être sûre à 100 % que j'en étais capable et que je ne commettrais aucune erreur. J'ai renoncé à pas mal de chose sous le prétexte que je n'étais « pas douée pour ça ». Et quand on me félicitait, je restais obsédée par ce qui aurait pu être mieux fait.

Après plusieurs années de divan, j'ai appris à tordre le cou à mon envie de perfection. J'ai faite mienne cette phrase de Tim Burton : « Je ne me suis pas demandé si je savais dessiner, je l'ai fait. » Je fais du mieux que je peux avec ce qui m'est donné. J'ose me lancer. Je me félicite de mes réalisations et j'excuse mes erreurs. Je me traite comme je traiterais mes proches ou mes patients. Avec le plus de douceur possible. Je sais désormais que la perfection peut être un phare, mais qu'elle n'est jamais un but en soi.

« Je n'ai jamais été une bonne élève, mais je ne garde pas de traumatismes cataclysmiques de cette époque, n'étant jamais tombée de bien haut. Une partie de moi est donc tout à fait à l'aise avec le fait de ne pas savoir faire ou de choisir le moindre effort. Mais les choses ne sont pas si simples. J'attribue à ma grand-mère Denise l'autre morceau de moi qui considère qu'il est indispensable de se tenir droit. Elle-même était un bloc de dignité. Courageuse, résistante, volontaire et généreuse, son seul défaut était de préférer les garçons. Ceux de la famille, d'ailleurs, devaient devenir ministres, journalistes, chirurgien… ou rien du tout. À l'arrivée, ses fils ont été ministres ou journalistes, ses filles sénatrices ou journalistes. Bref, même en n'étant pas directement concerné par son ambition lunaire, le climat familial consistait à ne pas contrarier Mamie.

Une génération plus tard, les choses étaient un peu plus calmes, mais une leçon ne m'a jamais quittée : quand on a la chance d'avoir accès à la culture, de posséder l'amour de sa famille et un cerveau qui fonctionne, on avance. À son rythme, mais vers l'avant. Et c'est une partie de moi que j'aime aussi. Mon perfectionnisme se niche dans le fait de ne pas laisser transparaître l'effort. Ma moitié paresseuse est tirée de sa sieste par la petite-fille de Denise qui aime que les choses soient faites et bien faites.

Je n'ai pas de mémoire, je suis impatiente, introvertie, et je ne sais pas compter. Il y a tant de choses auxquelles je ne connais rien ou de défauts qui me caractérisent que j'ai progressivement appris à miser sur certaines de mes qualités : cuisiner, écrire et rire. Dans ces domaines là, je ne lâche rien. Je suis capable de gravir des montagnes pour qu'un plat soit délicieux, un livre plaisant ou une soirée sympathique. Mais le reste du temps, je pose des questions. Je les repose (notamment à mon comptable qui y répond encore et encore), et je les repose encore.

Tal Ben-Shahar raconte que les écrivains perfectionnistes ne font jamais lire leur texte à quelqu'un avant qu'il soit terminé. Je ne fais jamais lire mes textes avant qu'ils soient terminés, mais je l'interprète autrement. C'est pour moi une question de politesse et de tenue. Avec la voix de Denise qui me chuchote à l'oreille : « Noblesse oblige ! »

Le perfectionnisme ne pose problème que s'il nous bloque ou nous fait souffrir, mais lorsqu'on est une ex-glandeuse comme moi, croyez-moi, ça peut aussi rendre service.

Faire son coming-out

Accepter de ne pas être parfait suppose de se montrer tel que l'on est. Chargé de vulnérabilité, débarrassé de sa culpabilité, fier de ses particularités, tolérant envers soi-même et les autres. Et d'admettre aussi, haut et fort, ses envies comme ses manques. Ce que, dans notre spectacle, nous appelons « faire son *coming-out* ». En somme, comme lorsque quelqu'un dévoile son orientation sexuelle, il s'agit de nous avouer et d'avouer au reste du monde que nous adorons écrire mais que nous sommes fâchés avec la grammaire, que nous raffolons de nous lancer des défis mais que nous ne supportons pas la pression, que nous rêvons depuis toujours de monter sur scène, que nous kiffons de manger avec les doigts ou farfouiller dans nos narines, même si ça ne se fait pas ! Petits ou grands désirs, les avouer au reste du monde nous permet de nous sentir plus authentiques, de choisir ce qui nous va bien. D'être propriétaire de nos défauts, projets et ambitions sans avoir besoin de les cacher ou de nous en excuser. Et c'est là un excellent moyen de s'épanouir.

Finalement, amitiés et amours ne sont-ils pas une succession de révélations qui nous déshabillent de plus en plus, jusqu'à ce que nous soyons tels qu'en nous-mêmes devant nous et devant les autres ? Jusqu'à ce que nous nous sentions suffisamment à l'aise pour que nos défauts aussi puissent être aimés par nous et par nos proches. Éplucher l'oignon de nos pseudo-perfections est très libérateur.

Mieux encore, cela peut nous faire pousser des ailes. Car si j'avoue à mon entourage que je meurs d'envie de traverser la Chine à pied, je cesse de taire ce désir et je peux alors me donner les moyens de me mettre en route.

Martin Seligman parle souvent d'une vie authentique qui laisse la place à nos valeurs, capacités, inclinaisons et préférences comme base de notre épanouissement. Commencer par ne plus se censurer est la première libération pour aller à la rencontre de soi.

notes perso

Les bénéfices
de l'imperfection

- Alléger la pression.
- Mettre toutes les chances de son côté.
- Accélérer son épanouissement.
- Mieux se relier aux autres.
- Vivre authentiquement avec soi-même.

LES EXERCICES

1. faire son coming-out
2. se connecter avec son enfant intérieur
3. Parfaitement imparfait

1. faire son coming-out

MATÉRIEL NÉCESSAIRE : un cahier ou un ordinateur
DURÉE : 20 minutes
OBJECTIF : devenir son meilleur allié

Pour cerner les morceaux de vous qui pourraient faire l'objet d'un *coming-out*, prenez le temps de vous poser les questions suivantes :

☆ Dans quelles circonstances éprouvez-vous la sensation d'être un imposteur ? Pourquoi ?
☆ Que rêvez-vous de faire que vous n'avez encore jamais fait ? Pourquoi ?
☆ Quelles sont les activités ou modes de vie qui vous tentent mais que vous vous interdisez ? Pourquoi ?
☆ Avez vous déjà aimé quelqu'un sans le lui avouer ? Pourquoi ?
☆ Quelles sont les choses que vous ne partagez jamais à votre propos ? Pourquoi ?
☆ Qu'est ce que votre conjoint ne sait pas de vous ? Pourquoi ?
☆ Qu'est ce que vous n'avoueriez jamais à vos enfants ? Pourquoi ?
☆ Qu'est ce qui vous fait à la fois très envie mais trop peur ? Pourquoi ?
☆ Avez vous déjà regretté quelque chose dans votre vie ? Pourquoi ?
☆ Imaginez que vous fêtez vos 85 ans, en regardant derrière vous. Que pourriez vous regretter de ne pas avoir fait, dit ou ressenti ?

Établir cette liste permet de faire le tri entre son jardin secret et ses envies inexprimées pour des raisons extérieures inhibantes, et de choisir de se montrer plus proche de ce qu'on se sent être au fond de soi. Bonne chance !

notes perso

2. Se connecter avec son enfant intérieur

MATÉRIEL NÉCESSAIRE : un cahier et un crayon, ou un ordinateur
DURÉE : 10 minutes
OBJECTIF : se reconnecter avec nos désirs profonds et notre créativité

Un enfant intérieur vit en nous avec ses joies, ses blessures, ses désirs, ses frustrations et ses doutes. C'est l'enfant que nous étions ou que nous avons imaginé être. Enfoui quelque part en nous, il continue à nous envoyer des messages que, bien souvent, nous n'écoutons pas ou ne voulons pas entendre. Comme nous sommes devenus des « grands », nous avons arrêté d'y prêter attention. Il est temps de reprendre contact avec lui.

Car si nous ne pouvons pas réécrire notre histoire (ce qui est fait est fait), l'adulte que nous sommes peut aller à la rencontre de l'enfant qu'il a été et prendre soin de lui, à l'aune de l'expérience acquise au fil du temps. Pour le rassurer et réparer certaines de ses blessures émotionnelles. Cet exercice peut ainsi vous aider à vous libérer de la peur de ne pas être parfait, de ne pas être à la hauteur de ce que l'on attend de vous.

Fermez les yeux et à respirez calmement en vous concentrant sur votre respiration. Laissez venir à vous l'image de l'enfant que vous avez été, à l'âge où vous avez entendu les premières injonctions de perfection.

Prenez de quoi écrire et décrivez cet enfant. Comment est-il ? Inquiet, intimidé, joyeux ? À quoi ressemble-t-il ? Accueillez-le avec un grand sourire et demandez-lui de vous expliquer ce qu'il ressent. Notez ses réponses. Si besoin, imaginez-le assis face à vous. Mettez-vous à sa hauteur et parlez-lui calmement. Écrivez-lui un message : « Tu as le droit de te tromper, ce n'est pas grave, tu es en train d'apprendre », « Je t'aime comme tu es », « Tu as tellement de qualités et de talents », « Tu es parfait comme tu es, car tu es unique ».

Imaginez que vous le prenez dans vos bras et que vous lui dites que vous serez toujours là pour lui. Profitez de cet instant pour ressentir combien il est soulagé. Quittez-le avec un grand sourire. Conservez ces notes quelque temps.

3. Parfaitement imparfait

MATÉRIEL NÉCESSAIRE : un cahier et un crayon, ou un ordinateur
DURÉE : 30 minutes
OBJECTIF : revisiter son histoire avec ses yeux d'adulte

Sur une feuille (ou sur un tableur), formez deux colonnes. Sur celle de gauche, listez les moments marquants, anciens ou récents, où vous avez laissé s'exprimer l'un de vos défauts (vous avez été peureux, vous avez manqué de tact, fait preuve d'impatience, de lenteur, etc.)

Ensuite, listez dans la colonne de droite les moments marquants, anciens ou récents, où vous avez fait preuve de courage, de générosité, de rapidité, etc. En somme, le contraire de la première colonne. Vous pouvez demander à des amis ou à des proches bienveillants de vous relater des situations où vous avez exprimé ces qualités.

En regardant les deux listes, formulez des affirmations réalistes sur le modèle :
Lorsque j'ai fait .... j'ai été ...., et lorsque j'ai fait ...., j'ai été ....

Les ressources :
applis, sites, livres, formations, etc.

- *Apprendre autrement avec la pédagogie positive*, **Audrey Akoun** et **Isabelle Pailleau**, Eyrolles.
- *Je dis enfin stop à la pression* : cinq étapes pour se libérer, **Audrey Akoun** et **Isabelle Pailleau**, Eyrolles.
- *L'Apprentissage de l'imperfection*, **Tal Ben-Shahar**, Pocket.
- *Imparfaits, libres et heureux : pratiques de l'estime de soi*, **Christophe André**, Odile Jacob.
- *40 ans mode d'emploi* : un film de Judd Apatow, avec Leslie Mann et Paul Rudd. Pour comprendre que le mieux est souvent l'ennemi du bien et pour dédramatiser nos petits défauts.
- *Happiness Therapy* : un film de David O. Russell, avec Bradley Cooper et Jennifer Lawrence. Pour comprendre que même quand tout va mal, nous pouvons nous réaliser et trouver notre bonheur.

En résumé

1. Le perfectionnisme est un conditionnement qui démarre dès l'enfance.

2. La tyrannie de la perfection est renforcée par la société via les médias et les réseaux sociaux.

3. Arrêtons de juger pour se détacher de la peur du jugement.

4. On peut aussi tirer des bénéfices de son imperfection.

5. Se montrer tel qu'on est, voici un joli un cadeau à se faire à soi-même et aux autres.

L'AMOUR

AIMER

L'amour, toujours l'amour

Il nous est souvent recommandé de travailler dur pour parvenir à ce que l'on veut. Et nous savons ici que ce sont nos efforts qui nous apporteront la vie que nous souhaitons. Mais une question demeure : où placer ces efforts ? Ce qui revient à se demander quelles sont les priorités du bonheur. Pour répondre à cette question, les chercheurs ont naturellement interrogé des gens sur leur passé afin de savoir ce qui les avait rendus heureux. Mais nos mémoires sont fluctuantes. Nous avons déjà oublié beaucoup d'événements qui se sont pourtant produits. Et nous inventons aussi pas mal de choses et sommes créatifs avec nos souvenirs.

Les chercheurs de Harvard ont donc choisi, pour savoir ce qui participe réellement à notre bonheur, d'observer des individus sur la durée, en lançant en 1938 une étude longitudinale sur le développement humain. À partir de cette date et jusqu'à la fin de leur vie, 724 hommes ont été interrogés chaque année sur leurs conditions de travail, de vie à la maison, de santé, etc. Mieux encore, un an sur deux, l'équipe de recherche se rendait chez eux pour rencontrer leurs enfants, lire les résultats de leurs bilans sanguins ou les observer discuter avec leurs conjoints. On peut dire qu'ils ont fini par bien connaître leurs sujets.

Deux groupes participaient à l'étude. Le premier était constitué d'étudiants de l'université. Le second était issu des quartiers les plus pauvres de Boston et la guerre faisait rage. Une bonne partie de ces jeunes gens, alors âgés moins de 20 ans, est partie au front. À leur retour, ils ont continué leur vie, devenant ouvriers, avocats ou maçons. L'un d'entre eux a même été élu président des États-Unis. Certains se sont enfoncés dans l'alcoolisme ou la schizophrénie, une partie a gravi des échelons professionnels ou sociaux, d'autres ont suivi le chemin inverse. Aujourd'hui, 70 participants sont encore en vie… et toujours interrogés.

Un terrain d'observation aussi long est tout à fait exceptionnel et le recul qu'il offre constitue une aubaine pour analyser les réalités de la vie. Des dizaines de milliers de pages de données et d'entretiens ont été traitées. Et voici ce qu'elles ont révélé : ce sont des relations satisfaisantes avec les autres qui nous rendent heureux et nous maintiennent en bonne santé. Et c'est tout.

All you need is love

Les connexions sociales nous sont vitales et la solitude fatale. Les participants engagés dans des relations avec leur entourage – familles, amis et communautés – ont vécu plus longtemps et en meilleure santé que les autres. Alors que ressentir de la solitude s'est révélé toxique. Les hommes plus isolés qu'ils ne l'auraient souhaité ont été moins heureux, leur santé a été plus fragile et leurs capacités mentales ont décliné plus tôt.

Mais la solitude ne consiste pas juste à vivre en solitaire, car on peut se sentir seul au sein d'une foule et même de son couple. La quantité d'amis, réels ou virtuels, ou le fait d'avoir ou non un conjoint n'est donc pas ce qui compte le plus. Non, l'essentiel réside dans la qualité de nos relations proches. Vivre, par exemple, dans une ambiance de conflit serait catastrophique pour notre santé. Particulièrement en amour. Même un divorce aura alors moins de conséquences sur notre système immunitaire que de rester dans cette atmosphère. À l'inverse, une relation chaleureuse protège nos ressources physiques et mentales.

Connexions

Après avoir observé ces hommes au-delà de l'âge de 80 ans, les chercheurs ont réalisé qu'ils auraient pu prédire à certains d'entre eux une vieillesse heureuse et robuste dès 50 ans, à partir des données rassemblées sur leur vie (et prédire aussi une vie écourtée à d'autres). Bien plus que leur taux de cholestérol, c'est

leur satisfaction relationnelle de l'époque qui indiquait la suite à venir. Car une relation intime et chaleureuse est le meilleur rempart contre un vieillissement prématuré.
Mais il y a plus encore. Se sentir soutenu non seulement permet de ne pas perdre le moral les jours où le corps ou la vie nous font souffrir, mais nous protège aussi du déclin de nos facultés mentales. Mieux entourés, nous sommes plus stimulés et notre mémoire flanchera moins.

Tous ces bénéfices proviennent de relations « normales », avec son lot ordinaire de conflits, de disputes, de tendresse, de réconciliations, d'agacements et d'impatience. Ils s'appliquent à nos relations amoureuses, mais aussi amicales ou familiales.
Robert Waldinger, désormais en charge de l'étude de Harvard, insiste : que vous ayez aujourd'hui 25, 40 ou 60 ans, prenez soin des rapports que vous entretenez avec les autres. Remplacez des moments passés derrière un écran par des face-à-face, réconciliez-vous, prenez des nouvelles les uns des autres. Car ce que les chercheurs affirment avec certitude est que rien n'est plus puissant que l'amour pour mettre du bonheur dans sa vie.

Mais pourquoi cela compte-t-il tant ?

Nous avons donc épluché d'autres recherches dans le domaine et plusieurs faisceaux se croisent. Tout d'abord, l'être humain est un animal social. Sensible aux autres, car vulnérable. Nos bébés ne survivraient pas sans l'aide d'adultes. Très tôt, nous développons inconsciemment une inclinaison vers les autres. Elle est obligatoire. Puis nous en tirons le meilleur parti, puisque ce sont ces relations qui, au final, nous combleront le plus.

Ocytocine

La nature humaine s'est donc organisée pour nous pousser dans la bonne direction, en inventant l'ocytocine. Non, ce n'est pas une pastille pour la gorge. C'est un neuropeptide : une substance qui circule d'un neurone à l'autre et qui agit sur le corps et le cerveau. On la surnomme l'« hormone de l'attachement et du câlin ». Sa production se déclenche dans des moments divers : lorsqu'une femme met un bébé au monde, par exemple, l'ocytocine va lui permettre de laisser une empreinte affective sur cet enfant en particulier, comme au cours de l'allaitement. Et lorsque nous faisons l'amour, le taux d'ocytocine augmente chez les deux partenaires, quel que soit leur sexe. Mais au-delà de ces instants très intimes, on retrouve la même mécanique dans les échanges du quotidien avec des gens que nous croisons : saluer son voisin dans l'escalier, discuter avec la caissière, jouer avec un enfant ou conclure un accord commercial. Dès que l'ocytocine circule, la coopération et la confiance deviennent réciproques.

Fait extraordinaire, elle nous permet aussi, dans une pièce très bruyante, d'entendre la voix de notre interlocuteur dès lors que cette personne nous intéresse. Nous pouvons alors trier, naturellement, les sons qui nous parviennent. C'est elle également qui nous incite à regarder les gens dans les yeux et sourire plus. Nous en avons tous fait l'expérience. Quand on se sent bien avec quelqu'un, on a envie que ça continue.

Grâce à elle, les liens se tissent et notre tribu augmente. Ainsi, nous sommes plus forts pour faire face au reste du monde.

Barbara Fredrickson dirige le laboratoire des émotions positives et de psychophysiologie à l'Université de Chapel Hill. Spécialisée dans l'étude de la joie, de la réussite et du plaisir, elle a été la première à démontrer que l'un entraîne l'autre. Réussir, par exemple, nous rend courageux et nous incite à vouloir recommencer. Des ailes nous poussent et nous donnent de l'élan. Et l'on sait désormais en quoi les émotions agréables ont une influence avérée sur notre santé et notre bien-être.

L'amour 2.0

Fredrickson cible ses explorations sur l'amour. Au point d'en donner une nouvelle définition. Elle propose de ne plus le considérer comme un état d'âme stable que l'on éprouve pour un nombre de personnes limité, mais plutôt comme des moments de résonance renouvelables à l'infini. Car il se passe, dans ces instants-là, plus qu'un *shoot* d'ocytocine. Précisons quand même qu'il ne s'agit pas toujours de désir sexuel, puisque dans la plupart des cas nous resterons habillés.

S'y croisent alors trois phénomènes :

☆ Physiologiquement, nous nous synchronisons. Nous respirons en rythme, adoptons les mêmes débits de voix et cela peut aller jusqu'à prendre, inconsciemment, la même position que notre interlocuteur. On se penche ou on se redresse ensemble.

☆ On partage une émotion. Car chaque émotion agréable telle que la gratitude, la joie, la sérénité, l'intérêt, l'espoir, la fierté, l'inspiration ou l'émerveillement, vécus aux côtés de ou avec d'autres est à considérer comme un instant d'amour.

☆ Et enfin, on se souhaite du bien mutuellement.

Il s'agit donc de situations interpersonnelles quotidiennes marquées par une augmentation momentanée d'émotion. On se sent ensemble, reliés et vivants. Pour Fredrickson, il est impossible de vivre à ce niveau de connexion en permanence. Même lorsqu'on est amoureux, on s'engage dans toutes sortes d'autres activités pendant lesquelles on ne pense pas à l'autre. Notre lien existe et résiste, mais nous sommes occupés ailleurs. L'amour est donc, pour la science, une succession de micro-moments qui ne sont ni exclusifs, ni conditionnels, ni même continus.

On les appelle des micro-moments d'amour (MMA).

Un MMA peut se dérouler à deux, lorsqu'on boit un verre avec une copine, que l'on partage une conversation animée, en se câlinant, en se réconfortant, en se regardant, en riant ensemble, en marchant du même pas dans la rue, en écoutant un morceau de musique côte à côte, etc.

Il peut aussi prendre forme à plusieurs, lorsqu'on entonne « Bon anniversaire » en chœur, ou que, scène vécue dans le métro parisien, un chanteur armé de son accordéon monte dans le wagon et entonne un « Besa me mucho » cacophonique. Des regards complices s'échangent entre les passagers. On est alors connecté aux autres. Fréquemment, dans une salle de réunion, lorsqu'on est tous engagé par le sujet et les échanges, on adopte la même posture : un coude sur la table, le menton posé dans la main, légèrement penché vers l'avant. Si une seule personne modifie sa position, tous en changeront probablement aussi. Comme une cascade de dominos.

Mais une foule peut aussi partager un MMA. Les stades de foot en sont remplis. Lorsque tous les supporteurs, peu importe leur camp, font une ola en criant « Olé » en cascade d'un côté à l'autre du terrain. Ils sont alors des milliers à se relier. Les théâtres aussi offrent de tels moments quand on rit tous ensemble. On se sent subtilement faire partie d'un tout.

Et on peut choisir de vivre plus de MMA. Car ils ne sont pas uniquement dus au hasard. Commencer sa journée, entrer dans une pièce, un bus ou un magasin peut se faire avec l'intention de favoriser de tels moments. En étant attentif à notre entourage, aux personnes présentes ou aux regards, en écoutant vraiment les gens, en leur posant des questions sur eux, nous pouvons favoriser une connexion. Nous marchons de plus en plus, dans la rue, avec de la musique vissée sur les oreilles. C'est une pratique très chouette, mais très anti-MMA, car nous sommes alors dans une bulle où personne d'autre que nous ne pénètre. Vivre plus de MMA suppose de voir ou de croiser des gens en chair et en os et d'être disponible à ce qui est en train de se dérouler. Par texto, ça ne marche pas encore : l'ocytocine ne se déclenche pas à distance.

L'amour qui dure

Mais en plus des MMA, nos relations, heureusement, contiennent aussi de vraies histoires d'amour au long cours. Qui, elles aussi, fascinent les chercheurs.

Le Gottman Institute, créé par deux chercheurs et thérapeutes de couple, John et Julie Gottman, étudie depuis quarante ans la stabilité conjugale et les facteurs de risque de divorce. Leur expertise leur permet, en observant pendant moins d'une heure un couple installé derrière une vitre sans tain, de prédire à 90 % si ce couple en sera toujours un dans six ans et à 80 % dans sept à neuf ans. Ils s'attardent sur le choix des mots prononcés, mais aussi sur le langage non verbal et l'attitude de chacun vis-à-vis de l'autre. Les premières années de leur travail étaient donc axée sur les séparations, avec l'idée que ces études leur permettraient de déterminer comment s'aimer longtemps. Puis John et Julie ont réalisé que pour comprendre ce qui faisait durer l'amour, il fallait rencontrer des couples dont l'amour durait depuis longtemps. Ensemble, ils ont basculé vers la psychologie positive.

Parce qu'éprouver un sentiment d'amour pour quelqu'un ne suffit pas pour former un couple qui résistera à l'érosion, aux épreuves et à la réalité de la vie à deux ou en famille. S'aimer longtemps demande des actions concrètes. On peut presque appeler cela du travail. En tout cas, appuyer volontairement sur les boutons de la reconnaissance, de la conscience, de l'affection et de la gratitude sont essentiels pour tenir sur la longueur.

Pour simplifier les choses, nous en avons tiré les « Cinq Commandements des couples qui s'aiment longtemps ». Pas qui se supportent longtemps. Mais bien mieux que ça.

Les cinq commandements de l'amour

1 Du mépris tu n'exprimeras

Le mépris est l'un des ennemis absolus de la relation amoureuse. Car contrairement à une critique, qui peut être formulée dans l'espoir de voir s'arranger les choses, le mépris contient l'intention de blesser l'autre. Souvent, il se manifeste dans des petites choses : soupirer, lever les yeux au ciel, faire une remarque désobligeante sur une tenue, couper la parole, quitter la pièce alors que l'autre est en train de nous parler, etc. Ces manifestations peuvent être non verbales. C'est plus fort que nous, nous ne les contrôlons pas très bien. Elles supposent donc de redoubler de vigilance. Car l'effet du mépris est très difficile à retirer.

2 Comme une huître tu ne te fermeras

Faire l'huître consiste à cesser de parler ou de réagir à la présence de l'autre : bouder, faire la tête, marquer sa mauvaise humeur par du silence ou un service minimum. On dit souvent « bouder comme un enfant », mais reconnaissons-le, on boude aussi quand on est grand. Des études ont démontré que quand un homme se referme au cours d'une conversation, le rythme cardiaque de sa femme s'accélère, provoquant chez elle un stress mesurable. Mais, lorsque c'est une femme qui se met à bouder, il n'y a aucune réaction physiologique chez l'homme. Expliquer les choses plus directement a toujours plus d'impact.

3 Trois points de contact par jour tu auras

Montrer son affection est primordial. Mieux encore, il s'agit de respecter un ratio d'actions positives pour chaque geste négatif au sein du couple. Ceux qui s'aiment longtemps se témoignent, dans une journée, cinq fois plus d'affection qu'ils ne se critiquent. Un témoignage d'affection consiste à être attentionné : proposer un café, déposer un baiser, envoyer un texto, faire un compliment, devancer un besoin, mais aussi parfois, simplement tourner sa langue dans sa bouche avant de dire quelque chose qui dépasse notre pensée. Par ailleurs, l'être humain a besoin de contact physique pour s'épanouir. Et pas seulement sexuel ! Le cerveau d'un enfant que personne ne touche ne se développera pas. Être touché est un besoin vital.

Nous avons donc résumé ces différentes recherches simplement. En s'efforçant de compter au moins trois points de contact positifs par jour avec la personne qui partage notre vie, nous sommes sur la bonne voie du long terme. Trois, étant la posologie minimum, ça peut être plus !

4 L'ordinaire tu célébreras

Voici un stéréotype que vous avez certainement déjà entendu : la routine tue le couple. Et pourtant, ce sont les rituels et la répétition qui le cimentent. Dans les 40 % de bonheur sur lesquels nous avons la main, considérer le quotidien comme un fardeau ou comme une joie peut faire toute la différence. Donc, avant de nous lasser au point de nous sauver, demandons-nous à quoi nous tenons véritablement chez celui ou celle qui partage notre vie. On s'aperçoit alors que ce sont souvent des attitudes, des habitudes ou des traits de caractère particuliers qui nous attachent à l'autre. La nouveauté, dans une relation, permet de se regarder avec excitation. Mais elle s'estompe au fil du temps, au profit de la familiarité et de la profondeur d'un lien. Rien ne nous empêche de refaire des choses nouvelles ensemble pour se retrouver sous un nouveau prisme. De nombreuses études l'ont démontré. Nous aurons une opinion plus tendre et plus favorable de notre conjoint lorsque nous aurons, ensemble, réalisé quelque chose d'inédit. Et le favorable favorise l'avenir.

5 Comment s'est passée ta journée tu demanderas

Quelque chose d'aussi basique que de poser cette question a été testé pour en mesurer l'effet. Et cette toute petite question s'est révélée être bien plus qu'une formalité. Elle compile tous les commandements précédents : l'intérêt, le dialogue, l'attention et le quotidien. Mais ce qui compte avant tout est ce qui se passe après. Car le principal n'est pas de s'enquérir de l'autre systématiquement et mécaniquement, mais bien d'écouter sa réponse. Pour en tenir compte, rebondir ou adapter la suite à ce que vous ressentez tous les deux. Pouvoir accueillir tout cela suppose avant tout d'être LÀ ! Présent à l'autre et à soi. À l'écoute et aux aguets. Commençons peut-être déjà par là.

notes perso

Les applications
de l'amour

- Ressentir plus de connexion avec les autres.
- Vivre plus intensément.
- Enrichir son cercle de relations.
- Développer des amours réciproques et durables.
- Ne plus s'ennuyer en attendant le grand amour.
- Prendre soin de ses besoins.

« Les enseignements de Barbara Fredrickson ont fait évoluer ma lecture des rapports que j'entretiens avec les autres. Jusque-là, les émotions fortes étaient un objectif, un absolu et mon critère de réussite relationnelle. Or, non seulement l'intensité ne se développe pas avec tout le monde, mais elle n'est pas évidente à maintenir.

Sur le plan matrimonial, je partage ma vie depuis trente ans avec Alex. Alors les conseils d'amour que nous prodiguons ici m'intéressent au plus haut point : exprimer sa tendresse, se soutenir, rire et ressentir de la gratitude. Adorer manger est aussi l'un des ingrédients les plus adhésifs de notre alliance. Mais l'amour à long terme suit les facéties des océans : la houle, le calme, les tempêtes, les marées hautes ou très basses.

Notre longévité creuse sa profondeur à coups d'instants vécus. Pour citer ceux de la semaine : une conversation intime en voiture, l'une de ses grimaces qui provoquent mes fous rires, sa main qui cherche la mienne au réveil ou un repas partagé dans sa chambre d'hôpital au cours d'un séjour – heureusement bref.

Nous sommes, grâce à la succession de ces moments vécus comme des miracles, le socle l'un de l'autre : le foyer et le refuge. Quand je retrouve Alex, je rentre chez moi. Je rentre en moi. Mais, le reste du temps, ma vie est peuplée par d'autres gens, par mes activités, mes créations, mes amis et même mes sorties. J'aime l'intimité et les discussions en très petits comités, Alex préfère distraire des foules. Les MMA qui nous nourrissent sont donc presque opposés.

Alors, nous nous savons chacun responsables de vivre la quantité et de la qualité des relations qui nous conviennent. Ces moments intenses du quotidien avec les gens que l'on côtoie. Voici le classement des MMA qui me font vibrer :

- ☆ Rire avec Alex, les miens ou quelqu'un (et même toute seule).
- ☆ Les câlins (réservés aux hyper-proches, quand même).
- ☆ Se parler cœur à cœur, se confier ou recevoir des confidences.
- ☆ Lancer des idées et les voir évoluer.
- ☆ Se sentir bien ensemble et se le dire.

Les conclusions de Fredrickson m'ont appris ceci : si j'ai envie de me sentir plus animée, vivante et connectée, c'est aussi à moi de le provoquer. Et de m'organiser. Lorsque j'éprouve de la solitude, je sais qu'en me forçant un peu ou en regardant mieux ce qui se joue dans ma vie, peuplée de tant d'individus qu'aller vers les autres finira toujours par revenir vers moi.

« Je suis une sauvage domestiquée. Même si j'ai appris à mettre de la douceur, des sourires et une sincère bienveillance dans mes rencontres avec les autres, mon affection ne se donne pas d'emblée. Il faut l'apprivoiser. Je n'ai pas besoin d'être appréciée de tous, je ne cherche pas l'amour à tout prix. En revanche, une fois donné, l'amour que je porte à ceux qui me sont chers est sans limite. Le lien d'attachement qui se crée est indéfectible. C'est certainement pour cette raison que la capacité d'aimer et d'être aimée est l'un de mes super-pouvoirs. Je pourrais, sur un simple coup de fil, courir chez un ami pour l'aider à se débarrasser d'un cadavre ! Même si, une fois sur place, je ferais tout pour le persuader de trouver une solution plus légale. Je crois à l'amour tranquille mais fort, à l'amour universel qui nous unit les uns aux autres. Une fraternité de l'amour que nous devons cultiver tous les jours.

Comme Florence, je partage ma vie depuis plus de vingt-cinq ans avec le même homme. Nous nous sommes rencontrés sur les bancs de la fac et nous avons beaucoup ri, beaucoup parlé. Nous nous dépêchions d'arriver avant le début des cours pour partager de nombreux moments de complicité. Nous sommes devenus amis, avant de réaliser que nous étions tombés amoureux. Une fois passée la fougue amoureuse des premiers mois, nous avons su très vite tous les deux que nous voulions faire de l'autre le parent de nos futurs enfants. Nous avons construit un chemin de vie sur lequel nous continuons d'avancer ensemble. Je sais que je peux vivre seule, mais j'ai fait le choix de vivre avec cet homme avec qui je continue à rire énormément et avec qui je pleure aussi. Quand nous avons perdu nos pères respectifs ou des amis chers. C'est un « très sensible », ce qui le rend encore plus attachant à mes yeux. C'est aussi ensemble que nous avons découvert, en devenant Parents, l'Amour avec un grand P, cet amour inconditionnel mâtiné d'une tranquillité toute relative quand il s'agit de nos « petits ».

Une fois donné, l'amour que je porte à ceux qui me sont chers est sans limite.

Comme la gratitude, l'amour est entré à pas feutré dans ma vie. Mais maintenant qu'il y est, je ne le laisserai pas partir de sitôt.

« Je ne suis pas un exemple de stabilité conjugale. J'ai quatre enfants de trois pères différents avec lesquels je me suis unie pour le meilleur et pour le pire, mais, comme dit une de mes amies, parfois surtout pour le pire. Depuis cinq ans, je partage la vie de Romain. Entre nous, la passion a duré très peu de temps, mais elle a été assez forte pour nous donner envie de devenir parents ensemble. Que reste-t-il quand la passion a fichu le camp, chassée par le tire-lait, les nuits blanches et l'odeur du vomi de bébé ? Il reste la réalité de deux êtres imparfaits qui ont choisi d'être ensemble. Et pour la passionnée que je suis, bercée par les comédies romantiques, aimer doit s'apprendre. La passion qui dévore et les papillons dans le ventre, je connais. Et je n'ai jamais connu un état aussi jouissif et… douloureux au final. Pendant des années, je n'ai cru qu'en la passion. J'ai arraché des cœurs et j'ai eu le mien brisé.

Comment peut-on aimer et construire sans s'ennuyer, tout en gardant une alchimie savoureuse ? Notre grande erreur à tous, face à l'amour, est de croire que l'autre pourra combler nos besoins, cicatriser nos blessures et qu'à deux nous formerons un être complet. Or personne n'a ce pouvoir (mis à part Chuck Norris). C'est de cette désillusion que naît la frustration qui nous pousse à focaliser sur tous les défauts de l'autre. Pendant deux ans, j'ai surtout pensé aux défaillances de Romain jusqu'à en oublier ses grandes qualités. Il fait du bruit en mangeant, il est monomaniaque de la soul music, il ne lit presque pas de livres et il ne cite pas Kant dans les dîners en ville. Il est d'ailleurs plutôt introverti.

Je me suis donc appliqué à moi-même ce que je conseille en thérapie conjugale : avant de me lasser, me demander ce à quoi je tiens vraiment chez Romain. En somme, le quatrième de nos cinq commandements de l'amour.

Et j'ai vu alors toutes les merveilleuses qualités : Romain est généreux, facile à vivre, d'humeur assez égale. Une bénédiction pour l'hypersensible que je suis. Il a soif d'apprendre et il a à cœur de toujours s'améliorer. Il est franc, honnête et capable de s'excuser s'il sait qu'il vous a blessé. Il veut mon bien et me soutient dans tous mes projets et les épreuves de la vie. Il revient de très loin et je connais peu de personnes capables de changer de philosophie de vie comme lui. Pour toutes ces raisons, je l'admire et je peux dire aujourd'hui que je l'aime.

En écrivant quotidiennement, pendant des semaines, tout le beau que je voyais en lui, je me suis aperçue que je n'avais pas besoin de lui pour vivre. De la passion, j'en ai dans ma vie : mon métier, mes enfants, mes amis. Ma vie est riche et je me sens nourrie.

Donc, je n'ai pas besoin de Romain. Mais je choisis de l'aimer dans sa beauté et son imperfection, et j'espère qu'il me choisira encore pour longtemps.

LES EXERCICES

1. 20 minutes d'amour
2. Les questions du professeur Aron
3. Sans toi

1. 20 minutes d'amour

MATÉRIEL NÉCESSAIRE : un carnet ou un ordinateur
DURÉE : 3 × 20 minutes
OBJECTIF : renforcer son affection pour ceux que nous aimons

Plusieurs études ont démontré qu'écrire à propos de nos êtres chers pendant 20 minutes, trois jours de suite, développe l'affection que nous leur portons. À tel point que ce simple exercice diminue de moitié le risque de séparation d'un couple dans les six mois qui suivent.

Consigner nos sensations donne de la valeur à ce que nous vivons. En organisant des phrases, nous ancrons nos sentiments. Et porter notre attention sur les aspects positifs d'une personne et d'une situation nous offre la meilleure vision de nos choix. Il est confortant de savoir pourquoi nous aimons tel ou telle. La relation prend alors toute sa valeur. Cet exercice permet instantanément de ressentir plus d'amour. Il est sans limite puisqu'on peut l'appliquer à qui on le souhaite.

Pendant trois jours consécutifs, isolez-vous pour écrire, sur votre amour pour un ami, un parent, un conjoint, une relation, etc. Consacrez à chaque fois 20 minutes à ce travail. Il ne s'agit pas de rédiger une lettre à son intention, mais de vous prélasser dans les situations sympathiques et les émotions joyeuses, tendres et affectueuses qu'elle provoque en vous. Fantasmes compris, bien sûr. Et observez l'effet que cela a sur votre humeur.

notes perso

2. Les questions du professeur Aron

MATÉRIEL NÉCESSAIRE : un ou plusieurs interlocuteurs
DURÉE : 45 minutes
OBJECTIF : établir une relation intime avec d'autres personnes

Lorsque nous nous apprécions et nous fréquentons, nous partageons de plus en plus d'informations personnelles. C'est ainsi que se manifeste l'intimité : la sensation de confort en présence de l'autre. Le psychologue Arthur Aron a voulu voir si cette intimité pouvait se créer avec des inconnus rencontrés il y a seulement quelques instants. Son équipe a élaboré des questions qui nous permettent d'établir ce lien familier, en prenant le temps d'y répondre. Il ne s'agit pas d'une speed intimité, mais au contraire de conversations nourries pour éviter les barrières habituelles des premiers instants.

Ces questions abordent nos préférences, nos goûts et nos valeurs. Elles sont souvent à base d'hypothèses : « Si tu………, que ferais-tu ? » Chacun

fait alors preuve d'imagination plutôt que de coller à la stricte réalité. Rien ne vous empêche d'inventer vos propres questions.
Cette mécanique de rapprochement s'applique à toutes nos rencontres. À utiliser sans modération dès que nous sommes face à un nouvel individu. Ne perdons plus de temps avec le superficiel.

Choisissez, dans la liste des questions d'Aron, celles qui vous plaisent le plus. Aujourd'hui, débrouillez-vous pour en poser à quelqu'un que vous rencontrez. Comme pour tout, plus vous allez vous entraîner, plus il vous sera facile de briser la glace. Commencez avec d'absolus inconnus ou votre voisin de cantine. L'intimité est réciproque. En créer les conditions rendra vos rencontres plus agréables pour tout le monde.

- ☆ Si tu pouvais dîner avec qui tu voulais dans le monde, qui choisirais-tu ?
- ☆ Raconte-moi ce que serait ta journée parfaite.
- ☆ Raconte-moi la dernière fois où tu as chanté tout seul. Et devant quelqu'un ?
- ☆ Imagines-tu parfois comment tu vas mourir ? Raconte.
- ☆ Quelle est la plus grande réussite de ta vie ?
- ☆ Quelles sont, d'après toi, trois choses que nous avons en commun ?
- ☆ Si tu te réveillais demain avec un super-pouvoir, quel serait-il ? Comment t'en servirais-tu ?
- ☆ Si tu devais mourir ce soir sans pouvoir communiquer avec quiconque, que regretterais-tu de ne pas avoir dit ? Pourquoi ne l'as-tu pas encore dit ?
- ☆ Si tu pouvais changer ce que tu voulais dans la façon dont tu as été élevé, qu'est-ce que ça serait ?
- ☆ Avant de passer un appel, t'arrive-t-il de répéter ce que tu vas dire ?
- ☆ Quand as-tu pleuré devant quelqu'un pour la dernière fois ? Et tout seul ?
- ☆ Quelles parts l'amour et l'affection jouent-ils dans ta vie ?

3. Sans toi

MATÉRIEL NÉCESSAIRE : **un carnet ou un ordinateur**
DURÉE : **20 minutes**
OBJECTIF : **apprécier la place que les autres occupent dans notre vie**

Célébrer la présence d'un amoureux ou d'une amitié peut se faire par rapport aux élans d'amour ou d'affection que nous ressentons à leur égard, mais aussi à la célébration du quotidien ou de la relation que nous partageons avec eux.

Cet exercice consiste à imaginer qu'une personne disparaît de votre vie, ou que vous ne l'avez jamais rencontrée. Faites la liste de tout ce qui vous aurait manqué ou vous manquerait dans ces deux cas. Cette liste a pour objectif de souligner ce à quoi nous tenons chez ceux qui nous entourent. Elle peut être consultée et complétée régulièrement, surtout lorsque nous ressentons de grandes frustrations ou impatiences à l'égard de ceux que nous aimons. Y noter les petites et les grandes choses.

Les ressources :
applis, sites, livres, formations, etc.

- *Le super cours « Plus d'amour »* : 21 leçons de psychologie positive et d'exercices à suivre et pratiquer chez soi pour apprivoiser son corps, mieux se relier, favoriser l'intimité, jouer plus souvent, savourer l'intensité, ritualiser le meilleur, et surtout être soi. www.3kifsacademie.com
- *La liste des 27 questions du professeur Aron* est disponible sur www.florenceservanschreiber.com/outils/27-questions-pour-favoriser-lintimite
- *Love 2.0. Ces micro-moments d'amour qui vont transformer votre vie*, **Barbara Fredrickson**, Marabout.
- *« Qu'est-ce qui fait une vie réussie ? »* : conférence TED de **Robert Waldinger** : www.ted.com

En résumé

1. Les connexions sociales nous sont vitales.
2. La sensation de solitude est toxique pour notre organisme et notre moral.
3. L'ocytocine nous permet de ressentir une résonance positive.
4. On peut vivre des micro-moments d'amour avec des inconnus.
5. Des actions positives et concrètes alimentent l'amour à long terme.

Prendre soin de son corps

PRENDRE SOIN DE SON CORPS

Bouger son corps rend plus heureux

On nous le chante sur tous les tons : prendre soin de son corps, c'est bon pour la santé. Des gestes bienveillants à son égard (bouger, manger sainement, respecter ses besoins) entretiennent les rouages de la formidable mécanique, complexe et très élaborée, qu'est notre corps. Lequel pourrait nous le rendre au centuple. Car la science est en train de nous le démontrer : prendre soin de son corps, c'est bon aussi pour le moral.

Dès 1973, Dorothy Harris, une chercheuse américaine spécialisée dans la psychologie du sport, s'est demandé si la pratique d'une activité physique ne pouvait pas produire un sentiment de bien-être psychologique. Depuis, la science a répondu par l'affirmative en ne laissant planer aucun doute.

Le psychologue Michael Babyak a démontré en 2000 que l'exercice physique était aussi efficace que les antidépresseurs dans le traitement de la dépression, avec même un taux de rechute bien plus faible à six mois. Les résultats de son étude montrent que 30 minutes d'exercice physique trois à cinq fois par semaine permettent d'améliorer de façon significative les symptômes d'une dépression. Et même si on s'en tient à 10-15 minutes d'exercice par jour, l'humeur s'en trouve améliorée à court terme.

Mais les bénéfices de la pratique régulière d'une activité physique vont bien au-delà du traitement de la dépression. Bouger régulièrement son corps permet aussi d'être plus créatif, comme l'a montré Scott Kaufman, du centre de psychologie positive de l'université de Pennsylvanie. Pour avoir des idées nouvelles, voire de grandes idées, rien de tel qu'une promenade. Penser en mouvement facilite les connexions neuronales.

12 % de bonheur en plus

L'exercice physique régulier, en particulier la marche rapide, augmente également la confiance en soi, laquelle renforce l'estime de soi, ce qui fait tout de suite grimper notre niveau de bonheur de 12 %. Mieux encore, bouger développe nos facultés intellectuelles : après une séance de sport, notre capacité de mémorisation augmente de 20 %. C'est également vrai chez les enfants, dont les performances mathématiques grimpent dès qu'on place 30 minutes d'exercice physique dans leur emploi du temps juste avant le cours de maths.

Une étude de 2011 a même montré que les personnes qui pratiquent régulièrement une activité physique gagnent mieux leur vie (dans une proportion de 5 à 10 %) que les personnes sédentaires. Une meilleure santé physique et morale augmenterait la productivité, donc nos revenus. Autre élément intéressant : l'auteur de cette étude, Vasilios Kosteas, économiste et chercheur à l'université de l'Ohio, souligne que la pratique régulière d'une activité physique renvoie l'image d'une personne à la fois impliquée et capable de se plier à une certaine discipline, autant de qualités appréciées des responsables. L'argent ne fait pas le bonheur, mais il y contribue. En l'occurrence, le sport aussi !

Prendre soin de son corps entraîne une réaction en chaîne de comportements qui modifient nos habitudes. En bougeant votre corps, c'est aussi toute votre vie que vous pouvez bouger. Par exemple, vous décidez de pratiquer la marche rapide trois fois par semaine. Dans la foulée, il y a de fortes chances que ce nouvel élan vous incite à adopter une alimentation plus saine, votre sommeil s'améliore et votre énergie est boostée. Vous vous sentez mieux dans votre peau, vous avez plus envie de voir vos amis, de jouer avec vos enfants. Peut-être aussi plus de désir pour votre conjoint, d'envie de voyager ou de vous lancer dans de nouveaux projets. Le mouvement entraînant l'action, c'est un cercle vertueux qui commence par seulement 30 minutes d'activité physique 3 fois par semaine.

Les habitudes, c'est encore ce qu'il y a de mieux

Se mettre ou se remettre au sport n'est pas toujours facile. Seuls les athlètes associent l'exercice physique au plaisir. Pour la plupart d'entre nous, la seule perspective d'un jogging nous projette déjà dans le souffle court, les jambes douloureuses et la difficulté qui nous attend. Savoir que c'est bon pour nous ne suffit pas. Notre cerveau a donc besoin d'être soutenu. Shawn Achor, spécialiste de la ritualisation, nous invite à pratiquer régulièrement pour transformer en moment de plaisir une activité qui a priori n'a rien pour nous tenter. Sans régularité, nous trouvons mille raisons pour éviter l'obstacle. Donc, fixons-nous des horaires précis et respectons-les. Il nous rappelle aussi que s'il nous faut plus de 20 secondes pour lancer une tâche à laquelle nous résistons, nous divisons par deux nos chances de réussite. Alors, sortons nos chaussures la veille pour aller courir au petit matin : il faut 20 secondes pour les sortir du placard, juste le temps de nous demander si cela en vaut vraiment la peine ! Et si on a besoin de motivation et de soutien, on optera pour des cours collectifs ou des activités partagées avec des amis : on risque moins de se désister au dernier moment.

Et puis l'activité physique fait peut-être déjà partie de nos vies sans que nous ne le sachions. Lors d'une étude menée dans des hôtels de Boston, les chercheurs ont fait passer une visite médicale à tout le personnel d'étage. Ces équipes avaient en charge le nettoyage des chambres. Ils les ont ensuite réunies pour leur indiquer quelle dépense énergétique représentait chacune de leurs tâches. Changer les lits, nettoyer les vitres, passer l'aspirateur, nettoyer une salle de bain, déplacer un chariot, etc. Chaque activité était évaluée en quantité de calories brûlées.

Un mois plus tard, re-visite médicale pour tout le monde. Alors que les habitudes personnelles et professionnelles des équipes n'avaient pas changé, leur état de santé s'était majoritairement amélioré : baisse de la tension artérielle, augmentation de leur capacité respiratoire et même une perte de poids pour certains. Car se considérer consciemment comme quelqu'un d'actif améliore, de fait, notre état de santé.

Nos métiers, modes de vies et lieux d'habitation conditionnent, pour beaucoup notre activité physique : besoin de prendre sa voiture, de travailler assis, etc. Si nous souhaitons introduire plus de mouvement, beaucoup de combinaisons sont possibles et celles qui s'intègrent le mieux à notre écologie personnelle fonctionneront le mieux. Quelle distance faut-il franchir pour se rendre à la piscine ou au sport ? Avons-nous ou non accès aux transports en commun et aux infrastructures pour se déplacer à vélo ?... Mais au sein même de notre quotidien, nous pouvons déjà augmenter les doses de mouvement de manière homéopathique.

Aujourd'hui, s'équiper d'un pédomètre permet précisément de mesurer nos efforts sans être dans un contexte sportif particulier. Plus de 26 études se sont penchées sur l'efficacité de prendre conscience de ses mouvements en temps réel. Et l'accès à un objet de mesure, quel qu'il soit (bracelet connecté, application, smartphone ou pédomètre) contribue à nous faire progresser. Il agit comme un motivateur, à la seule condition que l'on se soit fixé un objectif au préalable. Car se voir se rapprocher d'un objectif active notre auto-efficacité. Et celle-ci détermine notre conviction qu'il nous est possible de réaliser quelque chose et nous pousse à l'action.

Bien dans son assiette

Notre intestin est un univers fascinant qui héberge 100 milliards de bactéries réparties sur quelque 1000 espèces différentes. Cet ensemble s'appelle le « microbiote » et il diffère d'une personne à l'autre en fonction, entre autres, de l'environnement, de la génétique, du sexe et de notre alimentation. Les bactéries qu'il abrite sont impliquées dans la transformation des aliments en nutriments et dans la synthèse des vitamines indispensables. Ces bactéries ne servent pas seulement à digérer ou à protéger notre système immunitaire. Elles agissent aussi sur la production de certaines hormones qui influent sur notre humeur et nos émotions. Ainsi, ce que nous mettons dans notre assiette peut nous aider à voir la vie en rose ou en noir.

Les aliments qui font du bien

La sérotonine est l'hormone du bonheur. Quand on en manque, l'humeur peut s'assombrir (jusqu'à la dépression), le sommeil est chaotique et les tendances boulimiques et d'agressivité nous guettent. Mais nous pouvons réguler notre niveau de sérotonine via l'alimentation, en privilégiant des ingrédients riches en tryptophane, un acide aminé qui favorise la synthèse de cette fameuse hormone du bonheur. On le trouve notamment dans les aliments protéinés comme les laitages, les œufs, les viandes et volailles, les poissons, mais aussi dans les noix de cajou, le soja, les graines de citrouille, les amandes, les cacahuètes, les dattes, ou les noix... Pour que la synthèse de la sérotonine soit optimale, il faut associer ces aliments avec des glucides (céréales et légumineuses). Par exemple, associer une assiette de lentilles avec un œuf mollet, ou associer un blanc de poulet avec une sauce à la cacahuète.

Plus globalement, nous pouvons mettre de la bonne humeur dans nos assiettes en adaptant quelques règles simples, toutes validées par les médecins.

1 **Réduire la quantité d'aliments transformés.** Une grande partie de ces aliments est surchargée en sucre. Or trop de sucre dans l'organisme inhibe des zones clés du cerveau impliquées dans la régulation de l'humeur et la concentration.

2 **Manger plus de fruits, de légumes et de céréales complètes.** Les végétaux contiennent des minéraux, des vitamines et des phytonutriments dont votre cerveau a besoin pour un fonctionnement optimal.

3 **Opter pour la viande bio nourrie à l'herbe chaque fois que possible.** Elle contient plus d'oméga-3, acides gras essentiels qui favorisent la formation de nouvelles connexions cérébrales. Les poissons gras en contiennent également beaucoup (voir page suivante).

4 **Varier son alimentation.** Plus vous élargissez la gamme d'aliments complets que vous consommez, plus vous aurez de nutriments qui stimulent le cerveau, et qui en sera très heureux et pétillant.

Le bon gras des omégas-3

Depuis un demi-siècle, notre alimentation s'est profondément transformée. Si les vaches et les poules de nos grands-parents, nourries à l'herbe, faisaient le plein d'oméga-3, celles que nous mangeons aujourd'hui sont élevées au soja et au maïs et n'absorbent donc plus que des oméga-6. Or, notre corps a besoin de respecter un équilibre entre ces deux acides gras pour éviter des inflammations chroniques qui nuisent autant à notre santé qu'à notre humeur.

Des chercheurs français ont démontré qu'un régime riche en oméga-3, comme celui des Inuits ou des Japonais, grands consommateurs de poissons gras, augmente la production des neurotransmetteurs responsables de la bonne humeur, comme la dopamine ou la sérotonine (encore elle). À l'inverse, on a pu associer des faibles taux d'oméga-3 à des symptômes sévères de dépression, de troubles du sommeil, de tristesse ou d'anxiété.

On trouve des oméga-3 dans les poissons gras des mers froides (maquereau, anchois, hareng, morue, thon, haddock, truite, saumon), mais aussi dans les graines de lin, l'huile de colza ou l'huile de chanvre, les noix, noisettes et autres fruits à coque.

En résumé, notre équilibre passe par notre assiette. Car le contenu de notre alimentation est le carburant principal de notre cerveau. Tout comme notre corps, il a besoin de sucres, de protéines et de vitamines pour fonctionner, réfléchir, nous porter et réguler notre humeur. Et plus un aliment est transformé, moins le cerveau y trouvera ce dont il a besoin. Privilégions donc le bon, le simple et le naturel pour activer nos hormones favorites.

Le bonheur au fond du lit

Un bon sommeil est aussi un facteur important de bien-être. Et à l'inverse, des nuits chaotiques augmentent les risques de dépression et nous rendent plus vulnérables au stress.

Les besoins en sommeil varient d'une personne à l'autre et changent aussi avec l'âge. Néanmoins, un minimum de sept ou huit heures de sommeil est nécessaire pour récupérer et permettre au cerveau de se régénérer harmonieusement. Les chiffres le confirment : 40 % des adultes qui dorment moins de 8 heures par nuit se disent débordés dans leur travail et 50 % reconnaissent qu'ils perdent patience avec leur entourage.

L'arrivée des nouvelles technologies a accentué le phénomène de fatigue. Les études récentes montrent que la majorité des adultes utilise un téléphone portable jusqu'à une heure très tardive. Il n'est pas rare qu'à minuit on réponde à des mails professionnels depuis son lit. La plupart avouent garder leur téléphone allumé toute la nuit sous leur oreiller (ce serait aussi le cas de 60 % des adolescents). Inquiétant, non ? Il y a aussi ceux qui s'écroulent devant leur téléviseur pour se réveiller à 2 heures du matin et migrer alors douloureusement vers leur lit. Autant de facteurs perturbants pour le sommeil… et pour l'humeur à court terme.

Si nous voulons préserver notre sommeil, débranchons Smartphones et écrans au moins une demi-heure avant de dormir. Et si notre téléphone fait office de réveil, optons pour le mode « Avion », qui permet d'éviter les effets néfastes des ondes.

Les bienfaits de la sieste

Heureusement, le sommeil peut aussi se rattraper dans la journée. Comment ? Par la pratique de la sieste ! Nous en sommes toutes les trois très friandes.

En Chine, le droit à la sieste au travail est stipulé dans l'article 49 de la Constitution. Raison de plus pour pratiquer l'art de la sieste éclair et énergisante.

Connaissez-vous la *power nap* ? Inventée par James Maas, psychologue américain, la *power nap* est une sieste d'une durée assez courte, entre dix et vingt minutes, pour ne pas entrer dans le sommeil profond. Son objectif est de re-énergiser rapidement le siesteur.

Le principe est simple : buvez un café ou un thé. Et sans plus attendre, laissez-vous glisser vers le sommeil. À votre réveil, la caféine (ou théine) aura un effet booster.

Les entreprises américaines sont emballées par cette technique, car elle s'intègre très bien dans les journées de travail les plus chargées. Sans compter que cette pratique permet une augmentation de la productivité. Ces bénéfices, quels sont-ils ?

- ☆ une récupération du manque de sommeil nocturne ;
- ☆ une baisse du stress ;
- ☆ une meilleure réactivité ;
- ☆ un meilleur équilibre émotionnel ;
- ☆ une augmentation des facultés cognitives (concentration, mémorisation).

Comme le sommeil reste une histoire très personnelle, une application créée par un laboratoire de recherche de Harvard permet* de corréler ses heures endormies à son humeur. Régulièrement, on consigne son heure de coucher et de lever, puis on répond à une batterie de courtes questions sur la manière dont on se sent. Plus on rentre de données, plus le calcul de notre nuit idéale est précis. Le connaître est une bonne indication pour ne pas se raconter d'histoires, nous avons chacun besoin de dormir. Mais dormir combien ?

Pour ceux qui ne sont pas friands de sieste, il faut juste se souvenir que nous avons besoin de périodes de récupération pour faire face aux stress et aux exigences de nos vies. Que notre capacité de concentration continue ne dépasse pas 90 minutes, et comme lorsque nous parlons de respirer de temps en temps, reprendre son souffle sous toutes les formes nous est indispensable.

---

* HTTP://WWW.TRACKYOURHAPPINESS.ORG

L'équation de l'eau

Notre corps est composé à 75 % d'eau et en boire est le besoin primaire le plus essentiel à notre survie. Mais un verre d'eau contribue aussi à notre bonheur, car une bonne hydratation du corps provoque plusieurs effets secondaires.

Elle booste notre productivité

La fatigue que nous ressentons est souvent due à une déshydratation, même légère. Il convient donc de boire de l'eau dès le matin, avant même de se verser une tasse de thé ou un café. Car les boissons infusées ou aromatisées auront sur l'organisme un effet déshydratant. Et lorsqu'en début d'après-midi, nous ressentons un coup de barre, l'eau reste à nouveau notre meilleure alliée. Elle efface la fatigue.

Elle diminue les douleurs articulaires

Si nous nous réveillons avec la sensation d'être « rouillé », vérifions la quantité d'eau absorbée la veille. Elle est sans doute insuffisante.

Elle facilite la digestion

L'eau est le carburant du système digestif. Un colon paresseux est un colon déshydraté.

Elle adoucit la peau

La peau étant l'organe le plus vaste de notre corps, l'eau que nous absorbons s'y loge forcément. Une bonne hydratation lui apporte souplesse et douceur et nous donne de l'éclat.

Elle nous rend heureux

Une étude menée à l'université Tufts, aux États-Unis, a montré les effets physiques et cognitifs d'une déshydratation même minime. Les participants ont été regroupés par niveau d'hydratation et testés après une période d'activité sportive pour déterminer leur perte d'eau du corps, l'état de leur mémoire à court terme et leur humeur. Les participants les plus « déshydratés » ont manifesté le plus de fatigue, d'irritabilité et de confusion. Un corps déshydraté est donc un corps en souffrance.

Oui, mais alors, là aussi, quelle quantité boire ? Le seul agent hydratant est donc l'eau. Le volume idéal varie en fonction de chaque personne et tourne autour d'un minimum d'un litre par jour. Le meilleur indicateur reste la couleur de nos urines. Elles sont claires et limpides quand nous sommes suffisamment hydratés.

Toucher

Être enlacé ou prendre quelqu'un dans ses bras est aussi une source de stimulation indispensable à notre bien-être.

Dans nos vies mouvementées, certaines parties de notre corps accumulent des tensions importantes, tandis que d'autres ne sont plus stimulées. Le toucher permet d'activer nos capteurs sensoriels et de réactiver les connexions entre le cerveau et le corps. Plusieurs méthodes provoquent ces connexions : un massage, un câlin, se tenir par la main, toucher le bras de quelqu'un ou être touché. La société française n'est pas très câline. Nous conservons nos distances lors de rapports sociaux courants. Et pourtant, notre physiologie réclame des contacts. C'est probablement la raison pour laquelle nous nous plions avec plaisir au rituel de la bise. Elle offre des micro-instants de contact et de reconnaissance. Lorsqu'on observe des équipes de basket en action, plus les joueurs se tapent dans les mains pour se réjouir et se congratuler, plus ils font preuve de coopération et remportent leurs matchs. Une célébration brève mais matérialisée physiquement augmente la complicité et la collaboration.

Le massage est lui aussi utilisé comme outil thérapeutique, pour permettre au cerveau d'évacuer des tensions ou des émotions sans passer uniquement par la parole. Tous les soins complémentaires tels que l'ostéopathie contribuent à nous rappeler que le corps fait partie intégrante de nous-même et que notre équilibre passe aussi par les sensations de notre corps. Lors d'une étude, vingt-six adultes ont reçu un massage assis, pendant que vingt-quatre autres membres de l'expérience étaient priés de se détendre sur une chaise, durant 15 minutes. Le tout deux fois par semaine. Au bout de cinq semaines, le groupe massé calculait plus rapidement et faisait preuve d'une meilleure compréhension de problèmes mathématiques.

Mieux encore, les massages augmentent la production de sérotonine de 30 %. Ils réduisent nos taux d'hormones du stress, et la dopamine qu'ils engendrent diminue notre perception de la douleur. Lorsqu'ils sont effectués par quelqu'un que nous aimons ou connaissons, notre relation avec eux se renforce.

Nous avons aussi tous regardé avec amusement ces vidéos sur Internet où des passants proposent des câlins gratuits *(free hugs)*. Eh bien, ces simples embrassades sans paroles provoquent une poussée d'ocytocine qui commande à l'amygdale responsable de la peur, de l'anxiété et de l'agression de se détendre et de se mettre au repos.

(Re)découvrir le massage et multiplier les contacts physiques confortables avec les autres sont d'excellents moyens de nous sentir plus heureux. En institut, chez un kiné, en automassage, en couple, avec nos bébés. Embrassons-nous aussi plus souvent. Car plus nous nous embrassons, plus nous nous déclarons satisfaits de notre relation de couple. Alors remettons le massage, le contact et les baisers au cœur de notre vie.

Exprimer de la chaleur nous rend par ailleurs plus généreux, sociables et humains. Plus accessibles et bien plus proches.

Prendre soin de son corps :

les bénéfices

- Lutter efficacement contre la dépression et l'anxiété.
- Booster sa concentration.
- Gagner en confiance en soi.
- Être en meilleure forme physique et morale.
- Vivre plus longtemps.

« J'adore manger et cuisiner, je n'aime pas aller au sport, même si je kiffe d'en revenir. Jusqu'à l'âge de 40 ans, je n'avais en gros, jamais bougé, et me suis facilement passée de toute activité physique. Je ne me baignais même pas tant je n'aime pas me mouiller.

Après la naissance de mes enfants, premier léger réveil. J'avais un corps à remettre en forme. La mode était aux cours de step et d'abdos, je me suis donc acheté un body fluo. Les courbatures du lendemain m'ont bien plu, mais le reste m'a lassée.

Le second coup de semonce et arrivé lorsque mon cousin David* nous a appris son cancer. Très vite, il s'est penché sur ce qui pouvait l'aider à lutter contre sa maladie et ses trouvailles furent sans appel : s'alimenter autrement, faire du sport et mieux gérer son stress. Branle-bas de combat familial dans nos cuisines. Nous devions tout revoir pour le recevoir.

---

* DAVID SERVAN-SCHREIBER, *ANTICANCER*, POCKET.

La transition culinaire a finalement été la plus facile. Je cuisinais autrement pour lui : oméga-3 et anti-inflammation. Il n'y avait pas de problème de motivation, c'était une obligation. Quant au sport, toujours rien.
Jusqu'à un dimanche matin. Je travaillais alors au lancement d'un site Internet. C'était un processus laborieux, minutieux et terriblement technique. Ma coupe était trop pleine. J'ai enfilé des baskets et suis partie courir, droit devant dans la campagne. Une demi-heure plus tard seulement, enfin défoulée, j'ai réalisé ce qui venait de se passer. Et j'ai recommencé. L'appétit m'est finalement venu en courant. Plus j'y allais, plus cela me devenait nécessaire. J'ai aussi repéré un phénomène inattendu. Si j'allais courir le lundi, la matinée d'écriture qui suivait était plus productive, plus active et satisfaisante. Les recherches avaient raison. Ma cervelle n'était pas la même. Mon lundi s'est ritualisé : 15 minutes de méditation au réveil + 30 minutes de course avant de m'asseoir derrière mon écran. *3 Kifs par jour*, *Power patate*, *Dîner de kifs* et ce livre-ci ont été écrit à coups de lundis. Ma tête et mon corps, partenaires de mon écriture.
Depuis peu, je ne cours plus. J'ai troqué mes baskets contre une tenue de yoga et un bracelet connecté pour compter mes pas. Je continue mes entraînements autrement. Et lorsque je me mets en route, plutôt que de me dire que j'y vais pour prendre soin de mon corps, je sais que c'est surtout pour me laver la tête sans me mouiller les cheveux. Car bouger est devenu pour moi, la meilleure façon d'inventer, de pouvoir travailler et de tout gérer.

« Je n'ai jamais vu mon père faire du sport. Sauf la pêche à la ligne en été. Quand j'étais petite, hormis les cours (obligatoires) à l'école, le sport ne faisait pas partie de mon quotidien. J'étais incapable de monter à la corde, invalide de la roulade arrière, inopérante de la roue et je détestais la gym. Je savais seulement courir vite au sprint. À moi la musique et le dessin, à mon frère l'athlétisme. Les rôles étaient distribués. Une tentative d'une saison au club de natation, à treize ans, m'a vite laissé le goût amer des efforts sans résultat. Les autres nageurs faisaient deux longueurs quand j'arrivais péniblement au bout d'une seule, battant douloureusement des pieds. Le maître nageur ne misait pas un centime sur mes performances et son regard désespéré en disait long sur son absence d'espoir me concernant. À vingt ans, attirée par les arts martiaux, j'ai commencé le karaté et je me suis alors découvert des capacités sportives insoupçonnées. Je pouvais lever les jambes très haut pour des coups de pieds latéraux, enchaîner des katas puissants et faire preuve d'une belle combativité. Ce sport m'a passionnée jusqu'à l'obtention de la ceinture marron. À la porte de la ceinture noire, devant les perspectives de compétitions et autres engagements pour le club, je me suis dégonflée. Je ne voulais pas, malgré les demandes insistantes de mon prof, être une « vraie » karatéka qui enchaînerait les performances.

Avoir une activité sportive ne consiste pas seulement à aller deux fois par semaine dans une salle pour sautiller et suer sur des musiques rythmées. C'est une attention quotidienne.

Les années de fac ont eu raison de toute activité sportive. C'est seulement récemment que je me suis inscrite à des cours de yoga en me disant que mon corps avait aussi besoin que je prenne soin de lui. J'ai compris qu'avoir une activité sportive ne consistait pas seulement à aller deux fois par semaine dans une salle, habillée d'un justaucorps moulant, pour sautiller et suer sur des musiques rythmées. C'est une attention quotidienne. Je vais le plus possible à la gare en vélo, mais ma principale activité sportive consiste à marcher vite. Je surkiffe mon bracelet connecté qui m'encourage chaque jour en me disant le nombre de kilomètres parcourus, en m'indiquant combien de temps j'ai « bougé ». Et si je tends bien l'oreille, je sais que mon corps me dit merci.

« J'ai fumé ma première cigarette à dix ans. Une blonde subtilisée dans le paquet de ma mère. Je l'ai adorée tant elle avait le goût de l'élégance maternelle. J'ai commencé à fumer pour de vrai à treize ans pour ne m'arrêter qu'à trente-huit ans. Pendant des années, j'ai souffert de cette addiction. Jusqu'au jour où une séance d'hypnose m'a permis de reconnecter mon corps avec mon esprit. J'ai arrêté.

Cette libération est l'aboutissement d'un voyage entamé il y a plusieurs années déjà. Mon corps et moi n'avons pas toujours été très amis. À dix ans, on m'a découvert une hypercholestérolémie atypique assez grave et j'ai eu la chance de bénéficier d'un protocole médical expérimental : régime alimentaire draconien et pratique intensive du sport pendant six ans. Autant dire que je n'étais que frustrations. À l'âge où les copains découvraient les joies du *fast-food*, je mangeais des pommes vertes et de la salade. Ce traitement a fonctionné. Mais la frustration engendrée a déclenché un trouble du comportement alimentaire. Depuis mes seize ans, j'ai enchaîné les phases compulsives de « gras, salé, sucré » avec tous les régimes du monde. J'ai soumis mon corps à des variations de poids et d'activité. J'ai alterné les semaines, affalée sur mon canapé à me dire « Promis, lundi je m'y mets » et la pratique sportive intensive. J'ai ainsi couru une heure tous les matins pendant cinq ans, jusqu'à la fracture de fatigue. Cet accident marque un tournant majeur dans ma recherche de l'équilibre perdu. Je ne pouvais plus courir. En revanche, je pouvais marcher. J'ai commencé à sillonner les rues de Paris, pour me nourrir de la beauté de cette ville, de sa musique urbaine. Ralentir m'a fait comprendre que l'activité physique, même douce, est tout aussi bénéfique que le sport intensif.

Mon amour pour la cuisine m'aide également à prendre soin de moi et de ceux que j'aime. Dans ma famille, tout le monde cuisine. Les repas de fête concluent les semaines et rythment l'année. J'ai donc appris très tôt à cuisiner en observant mes grands-parents et mes parents. De leur cuisine, j'ai gardé la générosité ensoleillée et la tradition réconfortante. J'y ai ajouté une touche personnelle : une cuisine jolie et saine. J'ai remarqué que le temps passé à cuisiner est un vrai moment de décompression pour moi et m'aide à réguler mon appétit.

Je suis parfois rattrapée par mes vieux démons : je suis capable de me nourrir exclusivement de gras pendant deux jours. Au yoga, j'ai tendance à tester des postures défiant les lois de la physique. Je peux oublier de dormir si je suis absorbée par un projet excitant, etc. Mais aujourd'hui mes comportements extrêmes durent beaucoup moins longtemps et je sais comment revenir dans la zone où chaque geste d'attention à moi-même me rapproche toujours un peu plus de mon état d'équilibre.

LES EXERCICES

1. Faire la sieste comme Salvador Dali
2. Ma course d'obstacles
3. La carte de fidélité aquatique
4. Le pistou 100 % bonheur

1. Faire la sieste comme Salvador Dali

MATÉRIEL NÉCESSAIRE : une chaise et un trousseau de clé
DURÉE : entre 10 et 20 minutes
OBJECTIF : récupérer en peu de temps

Dali avait une manière originale de faire des siestes rapides.
Voici comment vous y prendre :

- ☆ Asseyez-vous sur une chaise ou sur un fauteuil. Vos deux mains doivent pendre en dehors des bras du fauteuil.
- ☆ Dans cette position, tenez un trousseau de clés que vous garderez suspendu, serré délicatement entre les extrémités du pouce et de l'index de votre main gauche.
- ☆ Vous n'avez plus qu'à vous laisser envahir progressivement par le sommeil. Lorsque les clés tomberont de vos doigts, le bruit de leur chute sur le sol vous réveillera.

Cet instant de sieste suffit, en général, à reposer corps et esprit. Retournez au reste de votre journée.

2. ma course d'obstacles

MATÉRIEL NÉCESSAIRE : un carnet ou un ordinateur
DURÉE : 15 minutes
OBJECTIF : intégrer l'exercice physique dans votre vie courante et anticiper les obstacles

Voici une astuce offerte par Tal Ben-Shahar pour vous aider à faire de l'exercice physique.

Préparez un tableau en 3 colonnes. Dans la colonne de gauche, notez vos activités existantes.

Je vais au travail

Dans la colonne du milieu, notez quelle activité physique vous pouvez faire à cette occasion.

Je me gare à 500 m de mon bureau et je finis à pied.

Dans la colonne de droite, inscrivez enfin les obstacles ou difficultés qui pourraient vous empêcher de pratiquer cette activité, ainsi que la solution que vous pouvez entrevoir.

Difficile avec des chaussures à talon, s'il pleut, si je suis accompagné. Donc, prévoir une paire de ballerines dans mon sac ou un parapluie, prévenir mon passager à l'avance, etc.

Surtout, pensez à récapituler en fin de journée, les exercices que vous avez faits et savourez vos efforts et réussites.

3. La carte de fidélité aquatique

MATÉRIEL NÉCESSAIRE : une feuille et un stylo
DURÉE : 15 minutes
OBJECTIF : une manière ludique de se motiver pour boire plus d'eau

Coupez la feuille en quatre cartes. Sur chaque carte, tracez un tableau de 9 colonnes sur 8 lignes. Sur la ligne du haut, dessinez des petits verres d'eau dans chaque case. Sur la colonne de gauche, écrivez les jours de la semaine.

Comme avec une carte de fidélité, « tamponnez » votre carte chaque fois que vous buvez un verre d'eau de 100 ml. Une fois que vous avez rempli la carte, offrez-vous une récompense.

4. Le Pistou 100 % bonheur

INGRÉDIENTS : 1 boîte de 200 g de sardines à l'huile, 1 c. à s. de graines de courge, 1 poignée de pousses d'épinards, ½ bouquet de persil, 2 gousses d'ail, le jus de ½ citron, sel et poivre, 1 pincée de piment d'Espelette

DURÉE : 15 minutes

OBJECTIF : prendre un shoot d'oméga-3 et de dopamine en se régalant

Versez dans un mixeur l'ensemble des ingrédients, en commençant par l'huile de la boîte de sardines. Mixez le tout.

Ajustez l'assaisonnement à votre goût : citron et piment d'Espelette. À servir avec des tomates crues ou du pain complet.

notes perso

Les ressources :
applis, sites, livres, formations, etc.

- *Je dis stop à la pression*, **Audrey Akoun** et **Isabelle Pailleau**, Eyrolles.
- *Dîner de kifs*, **Florence Servan-Schreiber**, Marabout. 80 recettes positives.
- *Guérir le stress, l'anxiété et la dépression sans médicaments ni psychanalyse*, **David Servan-Schreiber**, Pocket.
- *Les bracelets connectés et applis sur Smartphone* qui permettent de compter les pas et évaluer sommeil et alimentation.

En résumé

1. Corps et esprit sont liés et interagissent.

2. L'exercice physique régulier permet d'augmenter le niveau de bien-être.

3. L'alimentation peut influencer de façon très positive la régulation de notre humeur et de nos émotions.

4. Dormir suffisamment aide à mieux se concentrer et diminue les risques de disputes.

5. Les massages augmentent notre taux d'ocytocine et libèrent les tensions.

Emotions

APPRIVOISER SES ÉMOTIONS

nos alliées

Quand on exprime une émotion, on a toujours un peu l'impression de faire quelque chose d'incongru. Car notre société nous intime l'ordre de ne pas trop nous y attarder et surtout de les maîtriser pour éviter qu'elles n'affectent nos capacités de raisonnement. Dans un monde qui privilégie la raison, elles sont tout juste tolérées. Et si vous ne savez pas les contenir, vous risquez d'être jugé aussi faible qu'un enfant.

Pourtant, ces réactions affectives aux événements, qui nous soulèvent et nous bouleversent, pourraient bien devenir nos alliées si nous savons les apprivoiser.

Émotions positives, émotions négatives

Nous qualifions souvent nos émotions de « positives » ou de « négatives ». En réalité, une émotion n'est ni l'un ni l'autre, mais tout simplement un mouvement qui nous traverse. Si nous tenons vraiment à « classifier » nos émotions, il vaut mieux s'en tenir aux adjectifs « agréable » ou « désagréable », « confortable » ou « inconfortable », qui expriment notre ressenti au lieu de traduire un jugement de valeur tendant à en diaboliser certaines et à en valoriser d'autres. Finalement, c'est la manière dont nous faisons face à telle ou telle émotion qui pourra avoir des conséquences positives ou négatives pour nous. Par exemple, si on arrive à un examen dans un état d'excitation joyeuse (émotion dite « positive »), sûr d'être parfaitement préparé, cette émotion peut nous conduire à être moins attentif à l'énoncé et à partir dans la mauvaise direction. C'est ce qui est arrivé à un élève de terminale à l'épreuve de SVT. La question était : « Décrivez toutes les étapes de développement du cétacé. » Ce qu'il a fait avec bonheur. Tellement simple ! Le problème, c'est que son émotion joyeuse lui a fait oublier que les cétacés n'étaient pas au programme de SVT. Le crétacé, oui ! Légère différence et superbe hors-sujet, conséquence négative d'une émotion dite « positive ».

De la même manière, une émotion inconfortable comme la peur peut nous sauver de bien des situations périlleuses en nous incitant à nous protéger. Parfois, il vaut mieux avoir peur et rester vivant que de se croire courageusement invincible !

Pourquoi nous avons peur de nos émotions

Nous avons tendance à penser que les émotions limitent notre capacité de raisonnement et nous poussent ainsi à la faute. Platon, en son temps, les qualifiait de « maladies de l'âme ». Et René Descartes, père de la philosophie moderne et de son approche rationaliste, préconisait de les mettre à distance pour les évaluer intellectuellement, voyant en elles un obstacle à une pensée claire et de bon sens. Comme si nous avions deux cerveaux : l'un qui pense, calcule, analyse et décide, l'autre qui pleure, souffre et aime. Deux circuits neuronaux indépendants, qui ne se connaissent pas, qui ne communiquent pas. Une théorie qu'Antonio Damasio s'est empressé de mettre en pièces dans son livre *L'Erreur de Descartes : la raison des émotions*. Ce spécialiste des neurosciences a ainsi démontré que les émotions étaient totalement impliquées dans nos facultés de raisonnement et qu'elles pouvaient même l'assister au lieu de forcément le déranger, comme on l'a pensé très longtemps. Il a même observé que certains patients dépourvus de la possibilité d'éprouver des émotions (lésions du cerveau) étaient incapables de prendre des décisions, alors même que leurs facultés de raisonnement, mesurées grâce au QI, n'étaient pas affectées. Chaque décision que nous prenons répond donc au faisceau de nos émotions. L'intuition n'est après tout qu'une lecture consciente de ce que nous ressentons intérieurement sans savoir ou pouvoir le modifier.

Cachez cette joie que je ne saurais voir

Encore un domaine où les émotions ne sont pas toujours bien vues. « Sois raisonnable », « Contrôle-toi ! », « Réfléchis un peu au lieu pleurer », etc. Autant de petites phrases qui nous invitent, dès le plus jeune âge, à contenir nos émotions. Les jugements liés à leur manifestation chez les enfants sont à ce titre très significatifs. Un enfant qui exprime sa colère est souvent jugé « mal élevé » (sympa pour les parents !) ou « fatigué » dans le meilleur des cas. On peut aussi avoir tendance à contenir un enfant qui exprime trop de joie en lui demandant de se « calmer ». L'expression des émotions dérange. C'est pourquoi nous avons tendance à les nier (je pleure ? mais non, ce n'est rien). En gros, nous voudrions pouvoir les « gérer » comme on « gère » ses finances...

Or, une émotion ne se gère pas. Au mieux, elle s'apprivoise et toujours elle passe. C'est comme une contraction d'accouchement, ça monte jusqu'à un point culminant, et hop ça redescend. Généralement, la durée de vie d'une émotion est comprise entre quelques secondes et quelques heures.
Deux chercheurs de l'université de Louvain, Philippe Verduyn et Saskia Lavrijsen, ont par ailleurs démontré que la durée des différentes émotions n'est pas égale, et qu'elle dépend à la fois de la nature des événements qui les ont provoquées et de notre capacité à nous en détacher ou à nous y accrocher. La tristesse est l'émotion qui dure le plus longtemps, jusqu'à 240 fois plus que la colère, la honte ou la peur. Et la culpabilité persiste beaucoup plus longtemps que la honte, tandis que l'anxiété dure plus longtemps que la peur.

C'est la rumination qui fait la différence. Plus nous ruminons un événement qui a un impact négatif sur notre état émotionnel, plus nous relançons la charge et la tension de l'émotion, sans lui laisser la possibilité de s'atténuer.

Mais si nous pouvons entretenir des émotions désagréables dans la durée par nos pensées, nous pouvons aussi les atténuer et les dissiper en arrêtant de ruminer ou en changeant de regard sur ce qui nous arrive. Et nous pouvons, de la même manière, convoquer des émotions agréables et les faire durer plus longtemps.

C'est bon pour la santé

Au début des années 1970, Candace Pert, une biologiste américaine, a découvert que chaque émotion déclenchait la libération de protéines chimiques minuscules, les neuropeptides (NP), qui jouent un rôle crucial dans les fonctions métabolique et immunitaire. Depuis, de nombreuses recherches ont mis en évidence la correspondance entre nos états émotionnels et la production de certains de ces fameux neuropeptides, comme l'ocytocine, ou le cortisol et l'adrénaline.

Voici en gros comment ça fonctionne. Face à un danger, l'amygdale, petite glande située dans notre cerveau, s'active et le taux de cortisol (et d'autres hormones) s'élève dans notre corps, notre rythme cardiaque augmente, notre respiration s'accélère pour nous permettre de courir plus vite et plus longtemps que d'habitude. Donc, le résultat est positif. Du moins à court terme. Car les neuropeptides induits par des émotions comme la peur ou la colère deviennent nuisibles lorsqu'ils s'installent durablement dans l'organisme. À terme, l'excès de cortisol et d'adrénaline peut entraîner une inflammation des cellules, des perturbations endocriniennes et une baisse du système immunitaire, accroissant le risque de voir se développer différents problèmes de santé (hypertension, diabète, surpoids, maladies inflammatoires, eczéma, etc.). D'où le lien entre stress moderne et maladies.

Il ressort des recherches menées par Candace Pert que la joie, l'amour, le bien-être et la sérénité sont des émotions immunostimulantes. Tandis que la colère, la peur, la haine, le dégoût, la tristesse ou la dépression sont des émotions immunodéprimantes.

Nous avons tort de croire que notre niveau de santé et de bien-être est inscrit dans nos gènes. Révolutionnant la science, les recherches actuelles en épigénétique remettent en cause ce prédéterminisme et s'intéressent à la manière dont l'environnement, y compris nos émotions et nos pensées, modifie notre ADN. Quelle belle nouvelle ! En prenant conscience de l'influence de nos émotions sur nos structures physiologiques et psychologiques, nous pouvons mieux en prendre soin pour en faire des alliées de notre santé et de notre sérénité. Cela s'appelle l'« intelligence émotionnelle ». Et ça se travaille.

L'intelligence émotionnelle, pour naviguer dans nos réalités

Décrite par Daniel Goleman, l'intelligence émotionnelle a détrôné la toute-puissance de l'intelligence rationnelle. Jusque-là, seul le quotient intellectuel primait lors de l'évaluation d'un individu. Mais sentir ses interlocuteurs, les situations et l'impact qu'ils ont sur nous est une forme d'intelligence avérée et très utile pour naviguer dans nos réalités.

L'intelligence émotionnelle définit notre capacité à observer, à nommer et à évaluer avec justesse nos émotions et celles des autres. Elle se décline en quatre domaines d'expertise : les percevoir, les relier à notre pensée, les comprendre et, enfin, les apprivoiser.

☆ Les percevoir signifie que nous savons repérer un état psychologique et physiologique lorsque nous le croisons. Pour nous-même et chez les autres – sentir la façon dont quelqu'un se sent et lire ce que cette personne ressent. Nous savons aussi faire la différence entre un état congruent ou dissonant – sentir si ce que nous percevons colle avec ce que nous entendons.

☆ Relier les émotions à notre pensée nous permet d'appuyer notre réflexion sur ce que nous ressentons. Les émotions deviennent alors un atout. Elles nous aident à mieux nous souvenir d'une situation, facilitant la mémoire d'un instant, aiguisent notre jugement et capitalisent sur nos changements d'humeur. Plus nous savons accueillir nos émotions, plus nous serons créatifs et mieux nous serons en mesure de résoudre les défis sur notre chemin. Être en contact avec ce que nous ressentons nous rend plus souples et plus adaptables.

☆ Comprendre les émotions signifie que nous percevons la relation entre les unes et les autres : frustration et colère, joie et altruisme, etc. Mais aussi pourquoi elles surgissent dans certaines situations, sont parfois contradictoires et se mélangent souvent. Imaginez-vous griller la priorité à un automobiliste. Celui-ci vous injuriera probablement. Plutôt que d'être tenté par la réciproque, votre intelligence émotionnelle vous invitera à lui répondre : « Comme vous avez dû avoir peur ! » Habile capacité à se mettre à la place de l'autre alors que vous et lui êtes en état de confusion et finalement de trouille avancée.

☆ Enfin, apprivoiser ses émotions implique d'accueillir les émotions plaisantes et déplaisantes. De savoir les observer comme un spectateur et de s'en détacher suffisamment pour pouvoir se remettre à réfléchir. C'est aussi savoir distinguer une émotion de son état émotionnel. Une nouvelle peut provoquer chez nous une inquiétude passagère, alors que nous nous sentons par ailleurs tout à fait en sécurité. C'est savoir faire la part des choses pour nous-même et pour les autres. Et lorsque nous éprouvons des sensations formidables, les savourer nous apporte un réel bénéfice. Savoir s'y prélasser comme un petit cochon dans sa mare est l'une des compétences les plus utiles à notre épanouissement.

D'un point de vue tout à fait concret, Barbara Fredrickson a démontré que les émotions déplaisantes nous bloquent l'horizon et la capacité de réflexion. La tristesse, par exemple, nous empêche de trouver un lien entre un sous-marin et un éléphant. Alors que si on le cherche lorsqu'on se sent joyeux, on y verra probablement deux moyens de transport.

Les émotions ne se contrôlent pas, mais elles se provoquent. Par la musique, en présence de certains individus ou lors d'exercices délibérés pour faire remonter certains souvenirs, nous pouvons partiellement piloter nos sensations. Quitte à en modifier notre interprétation.

De l'importance de savoir nommer les émotions

Mais pour accepter nos émotions, encore faut-il savoir les reconnaître et les nommer. Or, notre vocabulaire émotionnel est souvent assez pauvre. Chez nos adolescents, bien souvent, on oscille entre « cool » et « sum ». Le premier mot peut aussi bien évoquer un truc joyeux, un enthousiasme prononcé ou l'extase totale, quand le second traduit tout autant la fatigue qu'une contrariété extrême. Pour les nuances, on attendra ! Cela dit, les adultes ne font pas forcément mieux. Vous remarquerez que nous sommes finalement souvent « fatigués ». Fatigués-tristes ? Fatigués-découragés ? Fatigués-en colère ? Ou seulement fatigués-fatigués ? Mystère !

Pour accueillir les émotions, la première étape consiste à les localiser dans le corps. Nous ne ressentons pas les émotions de la même manière : boule dans la gorge, papillons dans le ventre, transpiration excessive, jambes en coton sont autant d'indicateurs d'une émotion qui nous traverse. Pourtant, beaucoup de gens disent « ne rien ressentir » ! Comme si leur cerveau était coupé de leur corps.

Une fois l'émotion localisée, nous pouvons commencer à l'identifier. Est-ce que je ressens de la colère parce que je n'ai pas réussi à me faire entendre de mon collègue ? Est-ce que je suis déçu de ne pas avoir obtenu le poste que j'espérais ? Est-ce que j'ai peur d'avoir à faire un petit discours pour l'anniversaire de mariage de mes parents ?

Avoir un vocabulaire émotionnel riche en nuances nous permet de décharger rapidement l'émotion qui nous encombre. Lorsque l'expression de l'émotion est juste, on peut alors pleurer, rire, soupirer... Et laisser notre corps, jusque-là en tension, se relâcher.

Malheureusement, notre éducation nous apprend très tôt à minimiser nos ressentis émotionnels. Nous n'allons pas « en faire tout un plat » quand même ! Ce n'est rien, ça va passer. Après une journée difficile à l'école, où ses camarades l'ont tenue à l'écart de tous leurs jeux, une petite fille pousse un gros soupir en disant : « Je suis un peu déçue. » Mais le soupir signifie clairement : « Je suis terriblement déçue. »

notes perso

Les bénéfices
des émotions apprivoisées

- Une communication authentique dans la vie de tous les jours, à la maison ou au travail.
- Ressentir ses émotions dans le corps pour mieux les repérer et les apprivoiser.
- Entretenir sa santé émotionnelle.
- Éprouver plus d'émotions agréables.
- Soutenir le système immunitaire.

« Si certains possèdent un filtre magique à émotions, je n'ai, pour ma part, pas encore trouvé la boutique qui les vend. Qu'elles soient agréables ou désagréables, confortables ou inconfortables, elle s'invitent régulièrement et restent parfois plus longtemps que je le souhaiterais.

Si pendant de nombreuses années, j'ai tenté de mettre à la porte manu militari celles qui me cassaient les pieds, j'ai appris à les reconnaître, à les accueillir et à les apprivoiser. Depuis quelques années, j'ai même trouvé un moyen d'en faire quelque chose de très agréable. En effet, je dessine depuis que je sais tenir un crayon. Sensible à mon besoin de créer et dessiner, mon père a eu la bonne idée de m'inscrire, pour mes 6 ans, au cours de dessin de Léon, lieu joyeux tendance baba cool où enfants et adolescents étaient mélangés. J'ai pourtant vécu mon premier cours comme un cauchemar. Assise sur un podium, scrutés par des dizaines d'yeux d'élèves à qui je servais de modèle pour l'heure de croquis. J'étais terrifiée. Heureusement, les cours suivants se sont révélés être une vraie passion joyeuse. J'aimais dessiner, peindre, sculpter et crayonner dans cette ambiance poussiéreuse et bohème.

Depuis, je n'ai jamais cessé de dessiner, gribouiller ou griffonner. Je prends mes notes en sketchnoting[1], je tiens un carnet de bord dans lequel quotidiennement je croque les moments chouettes de ma journée. Je choisis de mettre l'accent sur le joli et le beau et cela me procure un plaisir immense. Je compare ces sessions de dessin à une méditation. Cela me permet de me recentrer, de m'apaiser, de me décentrer des émotions trop inconfortables et de savourer les autres.

Le 14 juillet dernier, submergée par un flot de tristesse, de colère et d'impuissance, j'ai eu le souffle coupé par l'attentat de Nice. Je n'ai pas pu dessiner les chouettes moments de ma journée sans dessiner aussi l'innommable et le très douloureux pour le mettre à distance et tenter de le digérer. Ce que les mots n'arrivent pas à exprimer, le dessin le peut.

---

1. Le sketchnoting fait partie des outils de pensée visuelle. C'est savant mélange entre des mots et des dessins

« La première fois que j'ai voulu demander une augmentation, je me suis mise à pleurer. La deuxième et la dixième fois aussi. Pétrie de gêne et de honte. Quant à mes interlocuteurs, déroutés, plus ils compatissaient, plus j'étais mal à l'aise.

Je ne sais pas très bien où je suis allée chercher l'idée que parler d'argent était difficile. Ma voix de petite fille me chuchotait : « Et si... ? » Et si tu ne le méritais pas, si on te disait non, si ça n'était pas le bon moment, si ça pouvait t'être reproché un jour, si tu exagérais, si tu te grillais ?

Je redoutais ces rendez-vous d'évaluation. Un duel entre l'inconfort de mes larmes et le désir de m'exprimer = torture émotionnelle annuelle.

Désormais, cette épreuve m'est épargnée. Je suis entrepreneure et mes évaluations salariales ont lieu avec moi-même. Nous ne pleurons plus. Mais comment faire prospérer une entreprise si parler d'argent est assorti d'émotions liquides ? Car il reste des clients à convaincre et la valeur de notre travail à défendre.

Je dois mes immenses progrès à un chercheur allemand. Celui-ci réalisait une étude sur les honoraires des conférenciers. Il se renseignait sur leurs tarifs d'intervention en se faisant passer pour un client. Une semaine plus tard, il les rappelait pour négocier le prix. Résultats stupéfiants : on lui accordait sans difficulté entre 50 et 70 % de rabais. Si mes consœurs et confrères ne pleuraient pas nécessairement au téléphone, leur voix d'enfant leur chuchotait aussi : « Dis d'accord pour que la conversation s'arrête, fais ce qu'il faut pour faire taire l'inconfort. » En capitulant aussi facilement, c'est la valeur de toute la profession que nous endommageons.

J'ai grandi d'un coup. Lorsque j'accepte des conditions pour ne pas risquer de pleurer, j'entraîne toute une profession dans mes pas. Lorsque je tiens bon, la tête haute et la valeur respectée, nous nous redressons tous. Je n'ai plus envie de pleurer. Et vous me verriez depuis… Je suis devenue la meilleure avocate de mes prestations. J'associe maintenant les discussions financières à une opération de construction. Comme un nouveau jeu dans lequel chaque conversation me permet de gagner une vie en plus ou des points bonus. Parfois des petits, parfois des gros, parfois je cède. Mais avec une raison qui pour moi a du sens. Ma main n'est pas forcée.

Une nouvelle gamme d'émotion me motive désormais : la joie, l'équilibre, le jeu et la sécurité. En ne pleurant plus, j'ai surtout accepté que mes années d'expérience et mes particularités avaient de la valeur. Mes émotions ont elles aussi mûri. Ce qui me faisait peur me fait maintenant sourire. C'est là encore une question d'interprétation. ●

« Je suis une éponge à émotions. Mes capteurs sont toujours en éveil, à l'affût des détails et des nuances les plus infimes. Je ressens l'état émotionnel d'une personne rien qu'en lui parlant et en l'observant quelques minutes. Super-pratique, me direz-vous ! Oui ! Car mon hypersensibilité me rend plus empathique, un vrai atout dans mon métier de psychothérapeute. Mais cela a longtemps été un handicap. Enfant, j'étais très angoissée et un « rien » me faisait pleurer. J'ai rempli des piscines olympiques de larmes. Quand j'étais en colère, je hurlais, je cassais des objets et je pouvais devenir violente. Et dès que je me sentais heureuse, ma joie se transformait en surexcitation. De vraies montagnes russes !

J'ai lutté pendant des années pour ne pas montrer mon hypersensibilité et dissimuler mes failles. Jusqu'au jour où je me suis aperçue que je n'étais pas très cohérente. Moi qui expliquais à qui voulait l'entendre qu'une émotion ça ne se gère pas, ça s'apprivoise, qui encourageais mes patients à être authentiques, à s'accepter tels qu'ils étaient parce qu'ils étaient uniques, à faire de leur hypersensibilité un atout, je faisais tout le contraire. Je me suis donc autorisée à laisser mon hypersensibilité s'exprimer. J'ai commencé à l'accepter et je me suis mise à en rire. L'autodérision m'a permis de dédramatiser et d'apprivoiser tous ces remous.

Aujourd'hui, je suis toujours hypersensible et c'est chouette ! Je suis capable de pleurer en regardant un film d'action, car il y aura toujours un détail qui pincera ma corde sensible. Ce qui m'a le plus aidé pour apprivoiser cette sensibilité exacerbée a été d'imaginer ma vie émotionnelle comme un orchestre symphonique qui passerait d'un style à l'autre. Comme si j'avais tout plein de petits musiciens à l'intérieur de moi qui jouent et n'en font parfois qu'à leur tête. Parfois, ils démarrent la journée par une *Walkyrie* wagnérienne. Je n'aime pas trop Wagner. Une autre fois, ils s'amusent sur l'ouverture de la *Flûte enchantée* de Mozart et je me sens légère et sautillante. Certains jours, ils tournent comme un disque rayé sur l'*Adagio* d'Albinoni, qui me cloue au lit avec des mouchoirs. Il arrive aussi que mes petits musiciens jouent tous à l'unisson et fassent monter un majestueux *Boléro* de Ravel. Mais parfois ils jouent tous n'importe quoi, c'est la cacophonie ! Alors je me rappelle que, dans tout orchestre, il y en a un qui dirige. Et le chef d'orchestre, c'est moi. Je prends donc ma baguette et je guide mes musiciens vers les *Gymnopédies* de Satie. Ce sont les moments que je préfère, quand tout est calme, simple et harmonieux. J'ai dans mon répertoire de chef d'orchestre différents registres que j'utilise selon mes envies et mes besoins. C'est ma façon d'apprivoiser mes cordes sensibles et de prendre soin d'elles.

LES EXERCICES

1. mon vocabulaire émotionnel

2. Les lunettes antidote

3. Le focus émotionnel

4. ma peur en formes

1. Mon vocabulaire émotionnel

MATÉRIEL NÉCESSAIRE : un carnet ou un ordinateur
DURÉE : 15 minutes
OBJECTIF : développer sa capacité à nommer ses émotions

La précision du vocabulaire nous permet de mieux comprendre ce que nous traversons. Plus nous savons nommer ce que nous ressentons, plus nous pouvons l'apprivoiser. Pour démarrer, listez en deux colonnes les mots que vous utilisez le plus souvent pour exprimer vos émotions. Une colonne pour les émotions agréables et une colonne pour émotions désagréables. Par exemple : joyeux, déçu, furieux, en colère...

Comparez les deux colonnes. Quelle est la plus fournie ?

Vous allez à présent enrichir ces deux colonnes. Donnez-vous en à cœur joie avec les dictionnaires de synonymes en ligne, piochez dans la liste que nous vous proposons page ci-après ou consultez, également en ligne, des listes de vocabulaire émotionnel, ou des dictionnaires qui peuvent vous inspirer. Parcourez les mots qui sont proposés et notez ceux qui vous plaisent le mieux pour qualifier ce que vous ressentez ou avez ressenti par le passé.

Pendant les jours qui vont suivre, accordez plus d'attention à ce qui vous traverse et nommez précisément ce que vous éprouvez. Car une émotion identifiée est déjà pratiquement passée.

Émotions agréables		Émotions désagréables	
Ému	Reconnaissant	Apeuré	Exaspéré
Confiant	Fier	Anxieux	Frustré
Attendri	Soulagé	Bouleversé	Haineux
Satisfait		Choqué	Jaloux
Excité		Effrayé	Rancunier
Enchanté		Tracassé	Irrité
Enjoué		Tendu	Mêlé
Curieux		Nerveux	Inquiet
Inspiré		Fatigué	Mal à l'aise
Intéressé		Claqué	Perdu
Passionné		Démuni	Surpris
Fasciné		Épuisé	Dérouté
Énergique		Découragé	
Serein		Impuissant	
Bienheureux		Vidé	
Calme		Triste	
Comblé		Déçu	
Confiant		Honteux	
Détendu		Déprimé	
Décontracté		Angoissé	
En sécurité		Gêné	
Content		Fâché	
Ravi		Agacé	
Optimiste		Agité	
Satisfait		Contrarié	
Joyeux		Dégoûté	

2. Les lunettes antidote

MATÉRIEL NÉCESSAIRE : une feuille et un crayon ou un ordinateur
DURÉE : 15 minutes
OBJECTIF : changer son regard et modifier son état émotionnel

Il existe un lien étroit entre l'arrivée d'une émotion inconfortable, voire désagréable, et la perception que nous avons de notre environnement (bruits, activité extérieure, climat), des situations (embouteillage, train raté, salle d'attente, bon repas) et des interactions avec les autres (sympathie ou antipathie, conflit ou harmonie). Si nous percevons une situation de façon négative, nos pensées et nos jugements auront eux aussi une connotation négative. Car les pensées négatives modifient la chimie de notre corps en générant une sécrétion excessive de cortisol. Mais on peut produire l'antidote en modifiant positivement notre perception de la situation. (Rappelez-vous, cela fait partie des 40 % de notre capacité à être heureux sur lesquels nous pouvons agir !)

Imaginez une paire de lunettes très particulière, de la forme et de la couleur que vous souhaitez, et qui vous permettrait de voir tout en mieux. Posez-la sur votre nez et revisitez les situations qui ont engendré des pensées négatives pour les orienter dans un sens positif.

Situation	Pensée négative	Émotion inconfortable	Antidote	Émotion
Quand je suis rentrée de mon travail, Julien n'a pas levé le nez de son ordinateur.	Il se fiche complètement de moi.	Je suis triste et en colère.	Il doit écrire un mail important. C'est tendu au travail pour lui en ce moment.	Émotion neutre, je ressens de la compassion.

3. Le focus émotionnel

MATÉRIEL NÉCESSAIRE : un carnet et un crayon, ou un ordinateur
DURÉE : entre 5 et 15 minutes, en fin de journée
OBJECTIF : atténuer ou faire disparaître une émotion inconfortable

1. REPENSEZ À VOTRE JOURNÉE DEPUIS LE MATIN.

Notez ensuite tous les moments où vous avez ressenti une émotion ou un sentiment désagréable. Inscrivez en face l'événement ou la situation qui l'a provoqué.

Ce matin : très énervée. Il y avait des embouteillages et je suis arrivée en retard au bureau.

›

2. QUELLES SONT LES ÉMOTIONS QUI VOUS ONT TRAVERSÉE ?

L'embouteillage a duré et mon énervement s'est mué en colère. J'ai pesté, râlé, klaxonné. Et dit plein de gros mots ! Puis j'ai commencé à stresser. Peur d'être vraiment très en retard, peur d'une réflexion désobligeante – c'est la troisième fois que j'arrive en retard en quinze jours...

›

3. LOCALISEZ DANS QUELLE PARTIE DE VOTRE CORPS CETTE ÉMOTION S'EST MANIFESTÉE.

J'avais la gorge serrée, mal au ventre.

›

4. DÉCRIVEZ TOUTES LES SENSATIONS ÉPROUVÉES ET ESSAYEZ DE RETROUVER LES MANIFESTATIONS CORPORELLES.

J'étais en colère et je sentais ma mâchoire très serrée, j'avais comme une boule en acier dans la gorge et je sentais mon cœur battre très rapidement.

›

Vous pouvez aussi faire cet exercice au moment où une émotion se produit et la décortiquer, pour ainsi dire, sur le vif. Cette analyse permet d'en atténuer la charge.

4. ma peur en formes

MATÉRIEL NÉCESSAIRE : un moment de calme
DURÉE : entre 5 et 15 minutes
OBJECTIF : dédramatiser et calmer son anxiété et ses peurs

La peur est une émotion très irrationnelle. Lorsqu'elle prend possession des lieux, elle nous pousse à dramatiser, nous coupant ainsi de notre capacité à agir. Voici un exercice efficace pour apprivoiser ses peurs.

Pensez à une situation qui vous angoisse ou vous fait peur, et que vous évitez donc par tous les moyens. Ou encore à quelque chose que vous ne vous autorisez pas à faire par peur.

1. Fermez les yeux et respirez calmement.

2. Énoncez à haute voix votre peur.

Je dois faire une présentation en public, devant deux cents personnes.

3. Localisez-la dans votre corps.

Je ressens ma peur dans ma cage thoracique.

4. Symbolisez cette peur, donnez-lui une forme, une texture, une apparence peut-être.

J'imagine ma peur comme un gros marteau qui cogne dans ma poitrine, comme un cyclone qui tourbillonne violemment, comme une vieille sorcière aux ongles crochus, comme un tigre qui me lacère le ventre.

5. Imaginez que vous sortez cette forme de votre corps pour la poser devant vous. Observez-la et recherchez tous les aspects positifs de cette forme.

L'intérêt du cyclone, c'est qu'il est en mouvement.

6. Observez cette forme et cherchez sa blessure, son problème, ce qui fait que cette forme est devenue telle qu'elle est.

Le cyclone tourne violemment parce qu'il est enfermé dans une boîte hermétique.

7. Voyez tout ce que vous pouvez modifier pour que cette forme symbolique soit débarrassée de tout ce qui vous gêne en elle. Laissez votre imagination faire le travail, un peu comme si vous rêviez éveillé.

J'ouvre le couvercle de la boîte et je libère le cyclone. Du coup, il se dilue dans l'air et tout redevient calme.

8. Choisissez pour finir de récupérer votre symbole déchargé de son intensité négative ou de le laisser à l'extérieur de vous.

Les ressources :
applis, sites, livres, formations, etc.

- *L'Erreur de Descartes*, **Antonio Damasio**, Odile Jacob. Un livre qui tord le cou à nos croyances sur la puissance de la raison sur les émotions.
- *Apprendre autrement avec la pédagogie positive*, **Audrey Akoun** et **Isabelle Pailleau**, Eyrolles. Pour comprendre les émotions et s'en faire des alliées dans l'apprentissage, à l'école et en famille.
- *Keep Calm et réussis tes exams*, **Audrey Akoun** et **Isabelle Pailleau**, Eyrolles.
- **Formation en psychopédagogie positive** : www.pedagogiepositive.com. Pour accompagner les enfants et leur famille dans les apprentissages scolaires et relationnels.

En résumé

1. Une émotion est un mouvement qui nous traverse.
2. Notre état émotionnel a un impact sur notre état physiologique, et réciproquement.
3. Une émotion ne se gère pas, elle s'apprivoise.
4. Apprendre à nommer ses émotions permet de les comprendre.
5. Plus nous entretenons nos émotions confortables, plus nous vivons heureux longtemps.

Gratitude

GRATITUDE

une émotion pas comme les autres

Alors voilà, nous y arrivons. Lorsque nous avons décidé d'appeler notre spectacle et ce livre *La Fabrique à kifs*, c'était pour une bonne raison. Tout ce qui touche au kif, de près ou de loin, favorise notre bonheur.

Kif (kif)[1]. n. m. Instant, situation, interaction, événement, perception ou émotion provoquant une sensation d'agrément, d'aise, d'amour, de bien-être, de bienfait, de chance, de création, de bonheur, de conscience, de complicité, de charme, de contentement, de délectation, de gourmandise, de distraction, de sens, de connexion, d'euphorie, d'expression, de fantaisie, de félicité, de grâce, de gaieté, de joie, de jouissance, de récréation, de satisfaction, de soulagement ou de volupté, pour lequel on éprouve de la gratitude.

Et le mot qui compte le plus, dans la phrase, c'est « gratitude ».

1. Florence Servan-Schreiber, *3 kifs par jour.*

La gratitude appartient au registre des émotions plaisantes parmi les 40 % sur lesquels nous avons la main pour enrichir nos vies. C'est une émotion tellement puissante que sont organisés, aux États-Unis, des sommets sur la gratitude où tous les chercheurs concernés se réunissent pour échanger leurs découvertes. Car ils ne cessent de l'observer sous toutes ses coutures pour que nous puissions apprendre à profiter de ses bienfaits.

Robert Emmons, l'un de ses plus grands spécialistes, avoue lui-même que, sous ses airs simplistes, c'est une émotion profonde et complexe qui joue un rôle déterminant dans le bonheur humain.

merci

Pour ne pas la confondre avec tous les plaisirs, il faut savoir qu'elle se présente en deux étapes. Elle commence par un constat : il se passe ou s'est passé quelque chose de chouette. On se sent bien, là tout de suite, on est content de quelque chose de précis qui s'est produit, on a reçu un cadeau ou une attention, même si c'est un simple rayon de soleil sur la joue.
Puis intervient la seconde partie du phénomène : on éprouve de la reconnaissance pour l'homme, la femme ou la chose qui a contribué à rendre cet instant possible. Et lorsqu'on a pris l'habitude de célébrer cette reconnaissance, on pousse l'exercice jusqu'à dire ou à se dire : « Pour ça, merci ! »

Car la gratitude est plus qu'un sentiment ou une émotion, puisqu'elle fait appel à notre volonté de reconnaître qu'il y a des choses qui proviennent de l'extérieur de nous. Que nous bénéficions de la bonté ou de la contribution des autres. Que nous sommes gâtés par quelqu'un ou quelque chose.

Or, dans la vie courante, nous sommes bien plus rapides à identifier ce qui nous manque, ce dont nous aimerions plus ou ce que nous n'avons pas. C'est notre caractéristique fâcheuse, mais très répandue. Et si nous ne nous forçons pas volontairement à noter aussi le meilleur de ce qui nous entoure, nous cultivons une sensation de manque qui nous grignote le moral. La gratitude est donc une conscience lucide et volontaire de recevoir ou de détenir quelque chose de bon.

Elle se présente d'ailleurs dans des circonstances très diverses, dont certaines inattendues, comme celle-ci, rapportée par Emmons. L'auteur de polars Stephen King se promenait tranquillement sur une route près de chez lui lorsque le conducteur d'une camionnette, distrait par son chien sur la banquette à côté de lui, a perdu le contrôle de son véhicule et l'a percuté violemment. King a été gravement blessé : vol plané, multiples fractures, traumatismes et plaies ouvertes. Eh bien, lorsqu'on lui a demandé ce qu'il a éprouvé en reprenant conscience sur son lit d'hôpital, il a répondu : « De la gratitude. » Car rien de tel que de manquer de perdre quelque chose, y compris la vie, pour en réaliser la valeur. Au lieu de se plaindre de son infortune, King s'est réjoui que le conducteur de la camionnette ne l'ait pas tué. Preuve supplémentaire que ce qui compte n'est pas tant ce qui nous arrive que ce que nous en faisons, ou la façon dont nous regardons la situation. En activant sa gratitude, et même s'il était en mille morceaux, King s'est considéré comme ayant eu bien plus de chance que de malchance.

La grâce

Éprouver de la gratitude consiste à reconnaître que l'on a reçu un don et même, très souvent, sans l'avoir mérité. Car pourquoi ferait-il beau tout à coup ? Pourquoi le conducteur ne roulait-il pas encore plus vite ? Pourquoi avons-nous eu la chance de croiser celui ou celle que nous allons aimer au moment où cela s'est produit ? Réaliser qu'il y a un zeste d'inexpliqué ou d'injustifié donne un souffle de grâce à ce que nous traversons. Et le trio magique du kif se révèle : grâce, gratuit et gratitude. Sans avoir rien demandé, un bienfait se présente sur notre route, nous le remarquons et prenons la peine de remercier la vie, les autres, ou même une instance divine, pour son intervention. Nous venons de kiffer.

Et kiffer est possible jusque dans l'adversité. Ce n'est pas réservé aux seules bonnes surprises. Bien au contraire. Lors de réelles difficultés, catastrophes, deuils et douleurs, la gratitude joue en effet un rôle déterminant dans notre capacité de résilience, qui va nous permettre de nous relever. Il ne s'agit pas d'une émotion ou d'une pratique de pensée positive, mais d'une acceptation profonde et constante que le bien existe, dissimulé sous les pires instances et ravages mis sur notre route.

Les effets secondaires de la gratitude

Emmons a aussi entrepris de mesurer les effets secondaires de la gratitude. L'une de ses premières études a consisté à demander à ses participants de tenir un journal intime. La première moitié du groupe devait y consigner ses tracas quotidiens. Et les autres participants devaient y noter chaque jour en quoi leur situation était plus avantageuse que celles d'autres personnes.

Dès les premiers résultats, les membres du second groupe se sont sentis mieux sur le plan émotionnel, physique et relationnel. Au point de devenir plus optimistes et de prendre meilleur soin de leur santé. Nous devenons, grâce à un exercice aussi simple, plus aimants, joyeux, enthousiastes et enclins à pardonner. Mais également moins envieux, destructeurs, avides et amers.

La gratitude, au-delà d'un sentiment, est donc une approche délibérée de la vie et de ses facéties. Elle est suivie par une nuée de conséquences :

☆ elle est agréable à ressentir sur le moment (picotements et chaleur intérieure) ;
☆ elle nous rend visiblement plus heureux et plus agréables à fréquenter ;
☆ elle nous incite à partager avec d'autres ce que nous avons reçu ;
☆ elle nous permet de nous sentir vivants ;
☆ elle apporte un changement mesurable à notre bien-être ;
☆ elle ancre la sensation que la vie mérite d'être vécue ;

☆ elle nous rend humbles ;

☆ et nous fait sourire.

Car, grâce à elle, nous avons la certitude d'appartenir à un réseau bien plus large que notre simple personne. Un faisceau de circonstances, d'individus et d'interprétations qui nous veulent du bien.

Gratitude et longévité

Initiée par Deborah Danner et David Snowdon, de l'université du Kentucky, la Nun Study reste probablement l'étude la plus surprenante effectuée à ce jour sur les conséquences de la gratitude. Ces deux chercheurs ont entrepris d'observer plus de 180 religieuses avec comme ambition de mieux comprendre le lien entre les émotions positives et leur santé. Par ailleurs, le mode de vie homogène des sœurs – occupations similaires, vie maritale et parentale identiques (aucune), absence ou faible consommation d'alcool et de tabac, etc. – offrait un terrain inespéré pour étudier les facteurs de longévité.

La plus grande surprise a surgi lors de l'analyse, par des sémanticiens, des biographies que ces femmes avaient écrites en rejoignant le couvent, autour de 22 ans. Une simple lettre où chacune racontait sa vie avant d'entrer dans les ordres. Chaque mot a été codé pour mesurer la densité d'émotions qu'il contenait. L'étude, publiée alors que ces femmes avaient désormais entre 75 et 107 ans, a révélé que plus ces lettres avaient contenu d'émotions plaisantes, telles que la satisfaction, la gratitude, le bonheur, l'espoir et l'amour, plus leurs auteures avaient de chance d'être encore en vie soixante ans plus tard. Il a même été mesuré qu'elles vivraient ou avaient vécu, en moyenne, sept années de plus que les sœurs moins reconnaissantes. Sept ans !

Une autre étude similaire, effectuée cette fois auprès de psychiatres, a aussi révélé que plus ces derniers utilisaient, dans leur langage courant, des mots indiquant de l'humour, de l'intérêt, de la détermination, de l'excitation, de l'enthousiasme et de l'éveil, plus ils vivraient longtemps.

Le lien est donc avéré entre, d'une part notre capacité à nous émerveiller des petites ou grandes choses et à en manifester de la gratitude, et d'autre part la qualité de notre expérience et notre bonne santé. Éprouver de la gratitude transforme notre physiologie. Mais comment ?

Le nerf vague

Le nerf vague traverse presque tous nos organes vitaux, dont le cœur et le cerveau. Principal nerf du système parasympathique, il est impliqué dans toutes les fonctions de détente du corps, par exemple après un stress (il ralentit le rythme cardiaque).

Fredrickson a identifié que sa tonicité était corrélée à notre bien-être émotionnel. Directement lié à un réseau de récepteurs de l'ocytocine, il envoie au cerveau et au corps des signaux de chaleur et de confiance. Son tonus nous rend donc plus disponibles aux sources d'amour, aux MMA, aux connexions et à la gratitude.

De même, chaque fois que nous éprouvons de l'amour ou de la gratitude, nous le tonifions et le rendons, de ce fait, plus apte à intervenir. La scène idéale consiste à prendre un instant pour ressentir cette gratitude. On peut aller jusqu'à poser sa main sur son cœur et sentir l'air chaud le traverser et se diffuser dans le corps. Tout est relié. Le cerveau, le cœur et le corps. La respiration joue alors la musique que le nerf vague lui dicte. Et nous voguons bien plus joyeusement vers une santé lumineuse.

Gratitude et cohérence cardiaque

Et parce que tout est vraiment lié, lorsque nous éprouvons de la gratitude ou de l'amour, nous provoquons un état interne naturel de cohérence cardiaque. Celui-là même que vous avez expérimenté plus tôt dans ce livre en respirant de façon régulière pendant 3 minutes[2]. Notons que la nature des battements de cœur que provoque l'appréciation est différente de celle de la relaxation. Être calme n'a pas le même effet que dire merci. En réalité, rien n'a le même effet que dire merci.

Émotion pas comme les autres, la gratitude a donc de multiples pouvoirs : repérer le meilleur, nous inciter à décortiquer les situations pour y trouver des bénéfices, en éprouver de la satisfaction, se sentir chanceux et au bon endroit, prendre confiance dans notre vie, être en meilleure santé, aller moins souvent chez le médecin et vivre plus longtemps. Avec ça, vous aurez certainement compris pourquoi nous tenons autant à partager les enseignements qui nous permettent de fabriquer nos kifs.

Et là, vous vous dites : « Mais ça n'est pas toujours évident. »

Et nous vous répondons : « En effet, c'est comme le reste, ça se pratique. Et on peut progresser. »

2. PAGE 69.

s'exercer

Comme pour tout, nous sommes différents les uns des autres et, par essence, inégaux devant la gratitude spontanée. Mais pour ceux d'entre nous qui n'ont pas naturellement le réflexe de remercier, il est possible de s'entraîner pour que cette démarche devienne de plus en plus naturelle afin de bénéficier de sa ribambelle de bénéfices secondaires.

Vous aurez peut-être envie, pour commencer, d'évaluer votre propension naturelle à éprouver de la gratitude. Si vous avez pris la peine de répondre au questionnaire des forces de caractère[3], vous connaissez la place qu'elle occupe dans vos réactions instinctives. Pour certains, elle figurera dans le trousseau de clés de leurs cinq premières forces. Pour d'autres plus bas, voire beaucoup plus bas. Et même si nous recommandons de capitaliser avant tout sur nos qualités, nous vous incitons tout de même, dans le cas de la gratitude et de notre pratique du kif, à vous entraîner pour ne pas vous priver de leurs bienfaits.

3. Page 99.

3 Kifs par jour

La pratique la plus simple, pour muscler sa gratitude, reste probablement l'exercice des 3 kifs par jour. Il consiste, le soir, à se remémorer le fil de sa journée et à noter, ou à partager avec quelqu'un, les trois raisons pour lesquelles nous avons envie de dire merci.
Un carnet de kifs permet de le faire en silence. Il offre la possibilité de la régularité, puisqu'il vous attend à chaque fois que vous allez vous coucher. Pour enseigner la gratitude aux enfants, nous vous recommandons, s'ils sont petits, de leur demander, sur l'oreiller, quelles sont les trois jolies choses qu'ils ont vécues dans la journée. Pour les entraîner à orienter leur cerveau vers le positif, le joyeux, le motivant et le réparateur. Car il s'agit d'une réelle préparation mentale. De la création d'un nouvel axe d'interprétation de leur 40 %. Et pour y parvenir, une pratique régulière rend les choses beaucoup plus faciles. C'est elle qui forge l'habitude et les connexions neuronales qui rendront la gratitude naturelle.

S'ils sont plus grands, ou si vous êtes tentés d'y convertir votre entourage, amis, adultes, etc., les 3 kifs à table sont aussi très efficaces. Pour info, un kif ne se commente pas et ne se critique pas. Soyez le premier à partager les vôtres. En commençant, vous donnez le ton et créez l'envie de jouer au sein du groupe. Mais exprimer sa gratitude se muscle aussi au bureau, en remerciant vos collègues et collaborateurs. En les félicitant non pas par politesse, mais par reconnaissance, parce que leur travail permet au vôtre ou à celui de l'équipe d'avancer. « Lorsque tu as fait ceci, ça nous a permis d'atteindre cela. »

Un merci de gratitude n'est pas le même que la simple politesse. Vous vous risquez, en l'offrant, à ajouter pourquoi cette action en particulier a compté pour vous.

notes perso

Kif

Les bénéfices de la gratitude

- Devenir un détecteur de bénéfices.
- Éprouver plus de sérénité et de joie.
- Mesurer sa chance.
- Être en meilleure forme physique et morale.
- Vivre plus longtemps.
- Démontrer un bonheur contagieux.

FLORENCE

« Étudiante en psychologie positive, j'ai répondu au questionnaire des forces de caractère et la gratitude flottait en seizième position sur vingt-quatre. Je n'y faisais pas particulièrement attention. Alors quand est arrivé le segment de notre cours sur cette émotion, j'avoue avoir été intriguée. D'autant que « s'y mettre » avait l'air simple. J'ai commencé par un carnet de kifs. Il est noir, se ferme avec un élastique et habite depuis sur ma table de nuit. Sa première entrée date du 6 février 2008. Pour écrire ce livre, je l'ai relu. Ce jour-là, mon fils Léon, était rentré de l'école avec un mot de son professeur : « A jeté du papier toilette sur les murs. » Merci ! J'y ai consigné des bribes de conversations avec mon cousin David, décédé depuis. Le dernier échange que j'ai eu avec mon amie Norma, quelques heures avant sa mort. Des réflexions de mes enfants, plus petits que maintenant. Mon premier fou rire avec Anne-Sophie, devenue depuis un pilier de ma garde rapprochée. Un anniversaire de mariage fêté à la tour Eiffel, la pièce de théâtre dans laquelle a brillé ma Pénélope, des conférences réussies, des couchers de soleil, des étoiles filantes et la surprise de mon Arthur rentrant du bout du monde. Merci ! Ma première rencontre avec Isabelle et Audrey, quand je me suis réconciliée avec ma sœur, le rassemblement de la place de la République après l'attentat de Charlie Hebdo, l'écoute attentive de mon amie Fanny. Des siestes coquines ou réparatrices. Des amis, des gens, des moments, des souvenirs. Le meilleur absolu de mes souvenirs. Pour les soirs où nous sommes sur la scène de *la Fabrique à kifs*. Merci !

En relisant toutes les pages de mon carnet, deux choses me sautent aux yeux : la simplicité et la grâce de ma vie. Cette guirlande de moments me rappelle l'importance de mon entourage et de mes aventures dans la saveur de ce que je vis. Je sens profondément que quelque chose en moi a changé. Je suis devenue bien meilleure à détecter, justement, le meilleur.

J'ai exprimé ma gratitude à d'autres, par écrit, pour les remercier d'être dans ma vie. Puis j'ai organisé une fête annuelle avec pas mal de ces gens qui avaient reçu une lettre. Des copains, des cousins, des enfants et mon mari. C'est notre rituel du dîner de kifs. Cette fois, pour partager la gratitude ensemble, de visu, en croisant toutes les générations avec mon plaisir de cuisiner.

Je suis une rescapée de la gratitude. Car elle permet à beaucoup de mes doutes et de mes craintes de passer sur la banquette arrière au lieu de piloter mon char. Pour cela, j'ai de la chance. Alors, merci ! .

« La gratitude est arrivée à pas feutrés dans ma vie. Absente de ma vie d'enfant, je l'observais chez d'autres avec une curiosité étonnée qui a depuis cédé la place à un sens hypertrophié de l'émerveillement. Pour tout et pour de petits détails. Mon émerveillement se résume souvent en un mot, « chouette », et s'accompagne d'une sensation de surprise joyeuse. Les gens sont chouettes, la vie est chouette, j'ai passé une chouette journée... J'adore utiliser ce petit mot suranné, mais tellement doux et intense. À deux lettres près, il offre le même plaisir en bouche qu'une chouquette moelleuse. Ce qui peut me donner un air de « ravie de la crèche » que j'assume parfaitement. Car m'émerveiller me fait autant de bien que dormir ou boire de l'eau.

Depuis plusieurs années maintenant, j'ai appris à ne pas me contenter de l'émerveillement. Je l'ai complété avec une pratique quotidienne du MERCI. Le vrai merci. Celui du cœur et du corps qui vous remplit de frissons et de joie. Je remercie tout haut pour les petites merveilles, à grand renfort de chouettitude, et je remercie en silence pour les

grandes merveilles. Je suis une pudique de la gratitude dès qu'elle touche à l'intime.
Lorsque nous avons créé La Fabrique à Kifs, Béatrice m'a demandé de partager un vrai grand kif. J'avais d'abord choisi de me cacher derrière un kif mignon mais qui ne m'engageait pas. Celui de l'échange de regard avec un petit rouquin poilu dans mon jardin : l'écureuil qui habite dans mon (son ?) noisetier. J'aimais assez l'idée de partager une joie quotidienne qui ne me dévoilait pas trop. Refus aimable de notre metteuse en scène. Pourquoi ne pas partager un kif énorme ? Un méga gros kif ? Le kif du socle de celle que je suis maintenant.
J'ai donc accepté – non sans freiner des quatre fers – de dire à un public d'inconnus que je n'aurai jamais cru possible de faire l'expérience d'aimer et d'être aimée, alors que le début de ma vie me prédestinait plutôt au contraire. Et pour cela je remercie Boubou, mon mari aimant (et confectionneur de cheesecakes grandioses), mes enfants superbes, drôles et aimables (au sens propre du terme), mes amis formidables avec lesquels je chemine, pour certains depuis de très nombreuses années... Chaque fois que je prononce haut et fort, publiquement, cet énorme kif, je suis prise d'une émotion intense, une surproduction lacrymale difficilement répressible, une envie de pleurer de joie et de chance. Et l'impression, en quelques phrases, d'être sortie de ma cachette. La gratitude est très risquée. Elle nous dévoile et nous expose. Mais elle nous rend aussi beaucoup plus fort.
Alors oui, je remercie haut et fort la vie d'être en vie, et je la remercie pour tous les cadeaux que j'ai reçus. Et la liste est chouettement longue. Merci !

« J'ai appris la gratitude très jeune. « C'est la meilleure heure » était le mantra de notre tribu. Mon père l'avait inventé et toutes les occasions étaient bonnes pour le reprendre en chœur. Une fin d'après-midi sur la plage, mon père disait : « Ah, c'est vraiment la meilleure heure ! » Tous nos plaisirs étaient ainsi ponctués de cette exclamation. Finalement, « la meilleure heure » était la bonne heure et notre unité de bonheur. Bons vivants, aimant rire, jouer, être entre amis, rendre service et faire plaisir aux autres, nous conjuguions le verbe « kiffer » au présent.
Je suis née dans une famille juive libérale. J'ai reçu une éducation religieuse. En étudiant, je me suis aperçue que le judaïsme repose sur l'étude et l'observance de règles qui peuvent paraître très contraignantes. Parmi elles, on trouve la récitation quotidienne de cent bénédictions. Cent fois par jour, on remercie Dieu d'être en vie, de voir et de sentir, on remercie pour la satisfaction de nos besoins physiques, pour les aliments et les boissons que l'on absorbe. La récitation chaque jour de ces cent bénédictions, si elle n'est pas mécanique, est une arme puissante pour augmenter la gratitude.

Je suis croyante, mais pas pratiquante. Je n'ai donc jamais récité les cent bénédictions. Mais j'ai découvert, avec le livre *Merci* de Robert Emmons, que la pratique de la gratitude était inscrite dans mon héritage et avait forgé ma philosophie de vie. Le mantra familial de « la meilleure heure » était une manière de remercier. Depuis l'adolescence, je remercie d'être en vie chaque matin. Chaque soir, avant de dormir, je repense à ma journée et je prends conscience de la chance que j'ai d'avoir vécu ces instants de bonheur, de joie, de plaisir, de fraternité et d'émerveillement. Ce rituel me vient de mon père. Il m'invitait à remarquer toutes les jolies choses qui m'étaient arrivées dans la journée. Quand je me plaignais, il me disait : « Ne dis pas que ta vie est nulle. C'est parce que tu es en vie que tu expérimentes des situations désagréables et nulles. Remercie d'être en vie, car c'est le plus grand des cadeaux. Et après la pluie vient toujours le beau temps. » Je pense que c'est cette éducation à la gratitude qui m'a permis de traverser bien des épreuves. Et je crois sincèrement que ma joie de vivre, ma résilience et mon énergie viennent de ma capacité à reconnaître la chance que j'ai d'être en vie. Comme le dit un proverbe juif, « tout est toujours pour le mieux ». La vie est pleine de surprises, de doutes, de joies, de moments de bonheur et d'instants de malheur. Si l'on a l'élan de remercier – Dieu, la nature, une personne, une couleur, le vent ou les étoiles –, alors tout prend un sens et tout est pour le mieux. Merci !

La gratitude est très risquée. Elle nous dévoile et nous expose. Mais elle nous rend aussi beaucoup plus fort.

LES EXERCICES

1. 3 kifs par jour
2. Je suis heureux(se) de ne pas...
3. La carte de gratitude

1. 3 Kifs par jour

MATÉRIEL NÉCESSAIRE : un carnet ou quelqu'un avec qui partager ses kifs
DURÉE : 5 minutes par personne
OBJECTIF : entraîner son cerveau à détecter les bénéfices

Repensez à votre journée depuis le matin. Quels sont trois trucs pour lesquels vous avez envie de dire merci ? Cela peut être un petit rien, impliquant directement quelqu'un, ou provenir d'une circonstance inexpliquée ou liée au hasard. Au-delà du plaisir que vous avez éprouvé, ressentez alors l'élan de dire merci au moment où vous le notez ou l'énoncez.

Par oral, la phrase peut être : « Je remercie............... pour/de/parce que............ ! »

DATE > __ / __ / ____

1. ______________________________

2. ______________________________

3. ______________________________

DATE > __ / __ / ____

1. ______________________________

2. ______________________________

3. ______________________________

DATE > __ / __ / ____

1. ______________________________

2. ______________________________

3. ______________________________

DATE > __ / __ / ____

1. ______________________________

2. ______________________________

3. ______________________________

2. Je suis heureux(se) de ne pas...

MATÉRIEL NÉCESSAIRE : un carnet ou un ordinateur
DURÉE : 15 minutes
OBJECTIF : mesurer sa chance

Pour démarrer le processus de la gratitude, nous avons parfois besoin d'un coup de pouce. Une bonne façon de le déclencher consiste à lister ce que nous sommes heureux de ne pas avoir à vivre, supporter ou endurer. Plus que la liste de ce dont nous sommes heureux, c'est en relevant le contre-pied de nos facilités que nous mesurons véritablement notre chance.

Notez au sommet de votre page : « Je suis heureux(se) de ne pas............ » et vous complétez. (Par exemple : « ...vivre en Syrie, être malade, m'ennuyer dans mon travail, avoir perdu mes parents, etc. ») Le trait est volontairement forcé.

Car la seconde liste sera celle qui compte. Recommencez en listant, cette fois, ce dont vous êtes heureux de disposer, de vivre, d'éprouver et de pouvoir profiter.

Inspirez, expirez et prenez conscience des sensations que vous avez à l'issue de cet exercice. Comment vous sentez-vous ?

3. La carte de gratitude

MATÉRIEL NÉCESSAIRE : de jolies cartes et enveloppes
DURÉE : 15 minutes par carte
OBJECTIF : augmenter son taux de bonheur et de gratitude

Une étude des chercheurs Steven Toepfer et Kathleen Walker, de la Kent State University, a démontré que passer trois fois 15 minutes à déclarer sa gratitude à quelqu'un sur une simple feuille suffisait à booster notre niveau de bonheur et notre niveau de gratitude dès que le crayon avait quitté la page. Car prendre le temps de décrire ses émotions et sentiments crée un bénéfice immédiat. La gratitude rédigée et partagée a le plus fort impact positif sur notre bien-être et celui des autres.

Choisissez trois personnes auxquelles vous destinez votre gratitude. Posez-vous pendant 15 minutes pour le leur exprimer par écrit. Commencez cette carte par « Chère/cher………, je voulais te dire merci parce que………… » Plutôt qu'un bien matériel, choisissez des situations pour lesquelles vous éprouvez de la reconnaissance. Le rythme idéal consiste à écrire une carte par semaine trois semaines de suite.

MERCI !
Mme & Mr
GRATITUDE

Les ressources :
applis, sites, livres, formations, etc.

- *« Le pouvoir de la gratitude »* : une conférence TEDX de **Florence Servan-Schreiber**. www.tedxparis.com/florence-servan-schreiber-le-pouvoir-de-la-gratitude/
- *3 Kifs par jour et autres rituels recommandés par la science pour cultiver le bonheur* **Florence Servan-Schreiber**, Poche Marabout.
- *Merci. Quand la gratitude change nos vies*, **Robert Emmons**, Belfond.

Et pour les pros...

- *Le kit : « Le pouvoir d'un merci » (en ligne)* : à l'attention des coachs, formateurs, facilitateurs, sophrologues, etc., pour apprendre à leurs participants, clients ou patients, les bénéfices de la gratitude et leur permettre d'en faire l'expérience. www.3kifsacademie.com

En résumé

1. Bien plus qu'une simple émotion, la gratitude est une attitude.

2. Kiffer embellit la vie et conserve.

3. Remercier provoque en nous des réactions physiologiques mesurables.

4. Une pratique régulière de la gratitude nous rend plus agiles à détecter les bénéfices.

5. Exprimer et partager sa gratitude par écrit a le plus fort impact sur notre bonheur.

10 SECRETS

LES 10 SECRETS DU BONHEUR

Validés

L'exploration de cette fabrique à kifs touche à sa fin. Et derrière « fabrique », nous espérons que vous aurez ressenti le pouvoir que vous détenez pour prendre soin de vous-même, de votre respiration, de vos qualités, de votre imperfection, de vos émotions, de votre corps, de vos amours et de votre gratitude.

Introduire plus de bonheur dans sa vie s'inscrit dans une démarche quotidienne. L'une après l'autre, les journées que nous traversons sont le théâtre réel de nos aventures dont nous demeurons l'acteur principal, même si nous n'écrivons pas l'histoire tout seuls.

L'unique terrain d'entraînement qui vaille reste la vie réelle. Mais nous avons tous besoin d'échauffements pour nous blesser moins souvent et avancer plus loin encore.

Alors, surtout, prenez votre temps. Explorez, revenez à certains exercices quand vous en ressentez l'envie. Comme toutes les machines sophistiquées, notre cerveau et notre âme ont aussi besoin de révisions et de réglages.

Ce livre, une fois lu, est à placer dans votre bibliothèque pour être ressorti et parcouru de temps à autre. Entre aujourd'hui et sa prochaine lecture, vous aurez changé et vos circonstances de vie auront évolué. C'est un nouveau vous qui viendra le feuilleter. Se poser des questions et se donner le temps d'y répondre nous permettent de trouver de l'envie et du sens. C'est l'une des beautés d'être soi : nous ne sommes jamais ni tout à fait le même, ni tout à fait un autre. Alors profitons-en pour continuer à mieux nous connaître.

Avant de refermer le couvercle de cette boîte à outils, il nous reste à vous révéler les 10 secrets les mieux gardés du bonheur. Ils sont validés par la science. Et surtout par nous-mêmes.

1 **BOIRE** beaucoup, si c'est de l'eau. C'est le carburant le plus important. Respectons les besoins de notre corps, car c'est lui qui a la charge de nous emmener le plus loin possible et dans les meilleures conditions. En l'écoutant, nous le soutenons. En l'hydratant, nous l'honorons. Et n'oublions ni de le faire bouger, ni de le soigner.

2 **FAIRE PIPI** souvent. Combien sommes-nous à dire : « Je n'ai même pas eu le temps de faire pipi aujourd'hui » ? C'est le nouveau luxe des gens heureux. Mais oui, arrêtons de tout faire en même temps. Prenons le temps. Introduisons plus de conscience et de calme dans nos emplois du temps. La performance et l'accumulation ne sont pas les seuls critères d'une vie remplie. La lenteur en fait aussi partie.

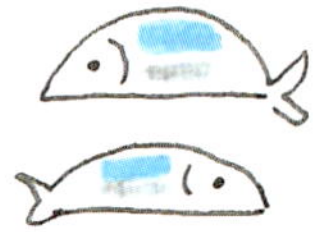

3 MANGER des sardines. Elles contiennent des oméga-3, dont notre cerveau a besoin pour ne pas déprimer. L'alimentation fait partie du bonheur. En restant le plus proche possible des produits naturels, nous respectons les lois qui nous ont portées jusqu'ici. Le bonheur contemporain n'a rien inventé, il sait juste mieux ce qu'il faut surveiller et notre assiette en fait partie.

4 AIDER quelqu'un. Parce que ça fait toujours du bien. Car la sensation de donner est toujours supérieure à celle de recevoir, si on parle de bien-être. Les neurosciences ont révélé que lorsque nous faisons quelque chose pour quelqu'un d'autre, notre cerveau bénéficie d'une poussée de dopamine qui soutient notre mieux-être. C'est ce qu'ont compris tous les joyeux citoyens. Alors, ne nous en privons pas.

5 S'AFFIRMER. Car c'est s'estimer. Voyons-nous aussi grandes et grands que nous le sommes en réalité. Acceptons de reconnaître nos qualités et de les montrer. Adoptons un vocabulaire positif pour savoir nous décrire, n'ayons plus peur de nos émotions, rangeons la culpabilité autofabriquée sur l'étagère du fond et en avant ! En s'affirmant, on gagne du temps.

6 PENSER MOINS À L'ARGENT ! Tous les économistes s'y sont penchés, l'accumulation de biens n'a jamais rendu personne heureux. Plus n'est pas source de mieux. Et si l'argent nous sourit, préférons l'utiliser pour vivre, ressentir et partager des expériences plutôt que d'emmagasiner ce qui viendra nous alourdir.

7 **RIRE ET DORMIR!** On ne doit ni être au taquet tout le temps ni s'ennuyer trop longtemps. Nous avons besoin de repos, de détente, de déconnexion et de légèreté. Personne ne peut avancer sans se ressourcer. Le sommeil et le rire sont nos plus puissants alliés.

8 **S'ENTOURER DE NATURE.** Le bleu du ciel nous donne la frite et le vert des arbres nous rassure. C'est inscrit au plus profond de notre cerveau. À tel point que la couleur bleue nous rend plus créatifs et le vert plus coopératifs. Le choix du décor et l'alternance entre la civilisation et la grandeur de la nature sont, pour tous, des sources d'équilibre.

9 **CHÉRIR LES AUTRES.** Pour s'enrichir. Si vous choisissiez de ne retenir qu'un seul conseil, commencez par celui-ci. Rien, mais absolument rien ne nous nourrit plus et mieux que des rapports harmonieux, ou doux, ou bienveillants, ou excitants, ou stimulants, ou tout cela à la fois, avec les autres. C'est le propre de notre humanité. Ces étranges animaux sociaux que nous sommes trouvent leurs plus grandes richesses les uns avec les autres. Se câliner ou s'admirer nous fera toujours fleurir.

10 **SE LANCER** pour se découvrir. C'est le secret que nous a appris notre expérience sur les planches. La barre était plus haute, plus osée et plus effrayante que d'habitude. Et lorsqu'on s'expose à l'inconnu malgré ses peurs et ses limites, on ne peut que gagner de l'amour, de la joie, des amis et une nouvelle petite voix, qui désormais, nous rappellera dans les moments de doute : « Mais si, tu peux le faire. » Allez hop, on y va !

DRÔLES DE LADIES

Ce qui est particulier, avec *La Fabrique à kifs*, c'est que c'est un spectacle
qui se raconte lui-même dans sa fabrication.
De son évocation vague il y a deux ans à la première au Vingtième Théâtre,
le 5 avril 2016, il a fallu passer par toutes les étapes qu'on y raconte.

Faire son *coming out* et se lancer dans un psycho-show, parce qu'on en a envie !
S'affirmer, parce que, merde, on fait ce qu'on veut non ?
Sortir de sa zone de confort, parce que, finalement, ben...
on a jamais écrit de spectacle en réalité...
Trouver son propre chemin à 4 cerveaux et 8 mains c'est 32 fois plus rigolo,
Kiffer car, sinon, c'est trop dur,
Laisser les émotions nous traverser, même quand c'est la trouille
ou le découragement (rare),
Puiser l'énergie dans l'amour des autres, et mes trois acolytes en ont à revendre...
Enfin et surtout remercier.

Remercier la vie de m'avoir alignée avec ces trois drôles de Ladies :
Florence, Audrey, Isabelle.

Parce que des Ladies comme celles-là, je peux vous dire que ça ne se trouve pas sous le sabot de n'importe quelle licorne.

Drôles, pertinentes, balafrées, courageuses, classe, bienveillantes, ambitieuses, travailleuses, kiffeuses, double-kiffeuses, triple-kiffeuses, enthousiastes, volontaires, généreuses, aimantes, esthètes, curieuses, rieuses, aventurières, surprenantes, audacieuses, énergiques, magiques, pétillantes, vivantes, pudiques et déjantées, raisonnables et déraisonnées, mères et petites filles

Les remercier toutes les trois
pour leur immense et indéfectible confiance à mon égard.

Remercier les accidents qui nous ont amenées par étapes
à ce spectacle qui nous ressemble tant.
Remercier ceux qui y ont mis un bout d'eux, et en général la partie tendre[1].
Remercier les spectateurs, leurs rires, leurs larmes, leur réaction d'êtres vivants.
Remercier tous ceux qui contribuent désormais à faire grandir ce spectacle[2].
Remercier le futur pour qu'il nous sourie.

Béatrice de La Boulaye,
dite Scotch, ou Seucoteucheu
Metteure en scène.

1. Romain Lesaffre, aka Chateau Brutal, Chloé Dewick, Clement Rostaqui, Audrey Gosseaume, Vincent Aubry, Zytoun et Bérengère Prévost, Romain Silbercher
2. Pierre Gascouin, Valentine Mabille, Xavier Elichegaray et Jean-Noël Moreau.

table des matières

Il est temps, à présent, de retourner mesurer votre niveau de bonheur, de vous féliciter pour vos progrès et, à notre tour, de vous dire :

On écrit toujours, à la fin d'un livre, qu'il n'aurait pas pu se faire sans quelques-uns. Celui-ci vient le confirmer, mais il s'agit de quelques-unes.

Impossible sans les explorations documentées, l'amitié tenace, la sagesse équitable, les retours rapides, les remarques adoucissantes et le chignon d'Anne-Sophie Leroux.

Ni sans la chaleur de son été que nous a consacré Élisabeth Boyer.

Et bien sûr, notre Béa, Scotch, Seucoteucheu, pourvoyeuse d'hectolitres d'audace et de Spritz, palme d'or de notre meilleur public et dénicheuse des best bijoux en plastique.
Sans toi, Béa, que ce soit écrit, nous n'en serions par là.
On t'aime, et c'est tout !

Pour SUIVRE

La Fabrique à Kifs

www.lafabriqueakifs.com

PAPIER À BASE DE FIBRES CERTIFIÉES

MARABOUT
s'engage pour l'environnement en réduisant l'empreinte carbone de ses livres.
Celle de cet exemplaire est de :
1150 g éq. CO_2
Rendez-vous sur www.marabout-durable.fr

Achevé d'imprimer chez Stige en Italie en novembre 2016
pour le compte des éditions marabout (Hachette Livre)
58 rue Jean Bleuzen 92178 Vanves Cedex
Dépôt légal novembre 2016
978-2-501-11809-5
7245754/01